国家重大产业数据图谱系列丛书

中国房地产图谱

（2011年版）

● 符合 主编

中国建筑工业出版社

图书在版编目（CIP）数据

中国房地产图谱（2011年版）/符合主编.— 北京：中国建筑工业出版社，2011.11
（国家重大产业数据图谱系列丛书）
ISBN 978-7-112-13591-2

Ⅰ.①中… Ⅱ.①符… Ⅲ.①房地产业—研究报告—中国—2011 Ⅳ.① F299.233

中国版本图书馆 CIP 数据核字（2011）第 192275 号

责任编辑：王 磊　蔡华民
责任设计：陈 旭
责任校对：肖 剑　陈晶晶

国家重大产业数据图谱系列丛书
中国房地产图谱(2011年版)
符合　主编

*

中国建筑工业出版社出版、发行（北京西郊百万庄）
各地新华书店、建筑书店经销
北京京点设计公司制版
北京方嘉彩色印刷有限责任公司印刷

*

开本：787×1092毫米　1/16　印张：9　字数：225千字
2011年12月第一版　2011年12月第一次印刷
定价：66.00元
ISBN 978-7-112-13591-2
(21392)

版权所有　翻印必究
如有印装质量问题，可寄本社退换
（邮政编码　100037）

编委会

主　　编　符　合
副 主 编　蔡华民　符　彪　刘海峰
编　　委　（按姓氏笔画排序）
　　　　　田　青　朱　昱　宋晓梅　张　平
　　　　　张晓东　陈伟伟　段文志
工作人员　杜长杰　陈　蘅

前　言

改革开放以来，中国的房地产业以惊人的速度发展，已经成为国家经济的支撑力量。房地产行业是目前中国的最热门行业并关系到千家万户的利益。《中国房地产图谱》所有动态图表均来自"中国智慧数据在线"（简称"中国智数"）平台网站（www.ChinaDataMonitor.com），是从国家统计局、住房和城乡建设部、中国证监会、城市房屋管理机构以及各种行业相关网站等权威性数据源收集的海量信息，经过整理、增值和汇编而成。

"中国智数"平台的房地产模块由世界知名数据分析和挖掘专家独家打造，涵盖重点城市房地产交易、新房项目、二手房市场、出租房市场、中介公司和经纪人服务、房地产投资、房地产开发企业、土地供需和造价等全方位房地产行业动态，是反映房屋市场行情、商品房价格走势、新房和二手房交易、城区、小区和楼盘价格等动态描述房地产行业的在线数据分析平台。作为重要的房地产行业数据分析和决策支持工具，目前已经有成千上万的企业和个人用户在使用本平台提供的功能强大的在线数据分析和挖掘产品。

产品采用目前最适合用户使用习惯的树形结构设计，以量化图表的方式展示我们多年努力从各种权威渠道和互联网采集的房地产行业海量数据。系统采用当今最先进和强大的信息技术和分析手段，通过时间、城市、城区、片区、小区、楼盘、房型、楼层、朝向、装修、物业类型、房地产中介、经纪人、投资等维度对商品房价格、租金、销售套数、面积、金额、企业就业、收入、利润、竣工面积等行业绩效指标和经营脉搏进行动态在线分析。本系统对房地产公司、房屋中介服务公司机构、房屋独立经纪人和关注房地产行业的机构和个人掌控房地产土地供求、房屋销售市场信息、新房和二手房价格趋势、避免和降低房地产行业相关数据购买和采集成本、降低数据分析和统计成本、提高决策速度和科学决策水平发挥重要作用。

"中国智数"平台采用SaaS服务模式和我们开创的DaaS以及云计算等目前先进的信息技术和服务模式开发而成。通过"中国智数"平台的服务，企业和个体用户可以通过平台网络浏览和及时掌握行业的全貌和方方面面的明细信息，快速捕捉行业上下游和内外部市场动态，减少数据采集和分析成本，提高工作效率，降低运营成本，优化资源配置，增强企业对市场变化的预警和应变能力。尤其是在当前市场行情瞬息万变的情况下，企业和个体用户可以充分利用平台强大的分析和挖掘功能，及时掌握原材料和产品价格变化和竞争对手动态，及早制定应对策略，提高重要决策科学化水平。本系统还可以融合企业内部生产、采购、库存、销售和财务运营数据，为企业打造端到端的内部运营和市场行情变化体系。

"中国智数"平台由留美世界知名商务智能专家海归符彪博士和符合兄弟根据多年成功行业智能数据系统开发经验和最佳实践领军打造。符氏兄弟在 20 世纪 80 年代出国留学和工作，1998 年在美国创立"固基数码-Fuguji LLC"从事商务智能系统开发和培训业务，2002 年符氏兄弟在美国出版商务智能专著并连续在 Amazon 在线购书平台名列畅销书榜。2003 年符氏兄弟创立北京固基，2006 年创立长沙固基，2010 年创立无锡固基公司，国内外客户包括日本索尼、法国施耐德电器、中国电信、海尔集团、济南钢铁集团、中国民生银行等。企业还获得北京市高新技术企业认证、中国软件著作权和软件企业认证、中关村留学生创业基金、科技部中小企业创新基金、无锡 530 领军型创业人才基金资助。公司产品还分别在 2007 年和 2009 年两次获教育部"春晖杯"中国留学人员创新创业大赛一等奖。

"中国智数"平台目前是国内唯一通过对行业内部和行业外部上下游数据进行深层次从原材料采购到终端产品销售和竞争对手分析的信息服务平台。我们坚信经过我们不断的努力耕耘，"中国智数"平台将成为行业数据覆盖面最广、数据来源最权威、数据更新最及时、数据分析功能最强大、行业知识沉淀最深厚的专业信息服务平台。

在《中国房地产图谱》发行之际，符氏兄弟借此机会特别感谢在国内求学和工作期间对我们付出辛勤培育和提携的导师和老前辈包括西北工业大学赵令诚教授、大连理工大学程耿东教授和王众讬教授、美国 Rensselaer Polytechnic Institute 的 Prabhat Hajela 教授、武汉理工大学吴秀恒教授、已故上海海事大学冯蔚然教授、原上海船舶运输研究所张德洪所长、原国家发改委综合运输研究所王德荣所长等。

我们希望《中国房地产图谱》的出版能为中国房地产业的建设和发展，以及广大关注这个行业的人们，提供一个有用的工具，也希望大家能将意见和建议及时告诉我们，我们的联系方式如下：

网址：www.ChinaDataMonitor.com
Email：Henry.Fu@ChinaDataMonitor.com
QQ：827431450
电话：010-52039013

目 录

1 房地产指数

1.1 全国房地产价格指数 3
1.1.1 国房景气指数 3
1.1.2 国房景气指数趋势 3
1.1.3 分类国房景气指数 4
1.1.4 全国房屋销售价格指数（上年同月=100） 4
1.1.5 全国房屋销售价格指数（上月=100） 5
1.1.6 全国房屋租赁价格指数（上年同期=100） 5
1.1.7 全国房屋租赁价格指数（上季=100） 6
1.1.8 全国土地交易价格指数（上年同期=100） 6
1.1.9 全国土地交易价格指数（上季=100） 7
1.1.10 全国物业管理价格指数（上年同期=100） 7

1.2 百城住宅价格指数 8
1.2.1 百城排名省份住宅价格趋势 8
1.2.2 百城排名省份样本住宅平均价格 8
1.2.3 百城样本住宅最高和平均价格差异 9
1.2.4 河北省城市样本住宅价格情况 9
1.2.5 广东省城市样本住宅价格情况 10
1.2.6 山东省城市样本住宅价格情况 10

1.3 全国70大中城市房地产指数 11
1.3.1 全国70个大中城市房地产价格指数 11
1.3.2 全国70个大中城市房地产价格指数（河北省石家庄市） 11
1.3.3 全国70个大中城市房地产价格指数（湖南省长沙市） 12

  1.3.4 全国 70 个大中城市房地产价格指数（江苏省无锡市）........................12
  1.3.5 全国 70 个大中城市房屋销售价格指数..13
  1.3.6 全国 70 个大中城市房屋销售价格指数（河北省石家庄市）................13
  1.3.7 全国 70 个大中城市房屋销售价格指数（湖南省长沙市）....................14
  1.3.8 全国 70 个大中城市房屋销售价格指数（江苏省无锡市）....................14

2　房地产价格

2.1　重点城市新房项目价格 17
  2.1.1 北京在售新房项目 17
  2.1.2 北京待售新房项目 17
  2.1.3 广州在售新房项目 18
  2.1.4 广州待售新房项目 18
  2.1.5 深圳在售新房项目 19
  2.1.6 深圳待售新房项目 19
  2.1.7 天津在售新房项目 20
  2.1.8 天津尾盘新房项目 20

2.2　重点城市按城区二手房交易价格 21
  2.2.1 重点城市二手房成交价格最贵城区 21
  2.2.2 重点城市二手房成交价格差异 21
  2.2.3 北京市按城区二手房成交价格趋势 22
  2.2.4 北京市按城区二手房成交价格 22
  2.2.5 北京市按城区二手房销售价格差异 23
  2.2.6 广州市按城区二手房销售价格趋势 23
  2.2.7 广州市按城区二手房销售价格 24
  2.2.8 广州市按城区二手房销售价格差异 24
  2.2.9 上海市按城区二手房销售价格趋势 25
  2.2.10 上海市按城区二手房销售价格 25
  2.2.11 上海市按城区二手房销售价格差异 26
  2.2.12 深圳市按城区二手房销售价格趋势 26
  2.2.13 深圳市按城区二手房销售价格 27

  2.2.14 深圳市按城区二手房销售价格差异 27

2.3 重点城市按城区二手房交易排名 28

  2.3.1 北京市按城区二手房销售价格排名 28
  2.3.2 广州市按城区二手房销售价格排名 28
  2.3.3 上海市按城区二手房销售价格排名 29
  2.3.4 深圳市按城区二手房销售价格排名 29
  2.3.5 天津市按城区二手房销售价格排名 30

2.4 重点城市按板块二手房交易价格 30

  2.4.1 北京市朝阳区各板块二手房销售价格排名 30
  2.4.2 北京市崇文区各板块二手房销售价格排名 31
  2.4.3 上海市卢湾区各板块二手房销售价格 31
  2.4.4 上海市浦东区各板块二手房销售价格 32
  2.4.5 广州市白云区各板块二手房销售价格 32
  2.4.6 广州市天河区各板块二手房销售价格 33
  2.4.7 深圳市福田区各板块二手房销售价格 33
  2.4.8 深圳市罗湖区各板块二手房销售价格 34
  2.4.9 天津市南开区各板块二手房销售价格 34
  2.4.10 天津市河东区各板块二手房销售价格 35

3 房地产交易

3.1 重点城市房地产交易 39

  3.1.1 重点城市商品房交易趋势 39
  3.1.2 北京商品住宅期房每日交易趋势 39
  3.1.3 北京商品住宅现房每日交易趋势 40
  3.1.4 北京商品住宅现房按月交易趋势 40
  3.1.5 北京商品住宅期房按月交易趋势 41
  3.1.6 北京商品住宅现房交易情况 41
  3.1.7 北京商品住宅期房交易情况 42
  3.1.8 上海商品住宅按内外环月交易情况 42
  3.1.9 上海商品住宅按内外环日交易情况 43

  3.1.10 上海商品住宅按内外环交易价格趋势 43

  3.1.11 上海商品住宅按内外环交易价格 44

  3.1.12 广州商品住宅到天交易趋势 44

  3.1.13 深圳商品房到日交易趋势 45

  3.1.14 深圳商品房月成交情况 45

  3.1.15 深圳商品房成交价格情况 46

3.2 二线城市房地产交易 46

  3.2.1 二线城市商品房交易趋势 46

  3.2.2 二线城市商品房交易占比 47

  3.2.3 天津按城区商品住宅交易情况 47

  3.2.4 天津市西青区商品住宅交易情况 48

  3.2.5 天津每日按城区商品房交易情况 48

  3.2.6 天津按套数商品住宅交易城区排名 49

  3.2.7 天津按面积商品住宅交易城区排名 49

  3.2.8 天津按均价商品住宅交易城区排名 50

  3.2.9 天津按套数二手房交易城区排名 50

  3.2.10 天津按面积二手房交易城区排名 51

  3.2.11 天津按均价二手房交易城区排名 51

  3.2.12 天津商品住宅成交城区占比 52

  3.2.13 天津二手房成交城区占比 52

  3.2.14 天津住宅成交平均价格 53

  3.2.15 天津二手房成交平均价格 53

  3.2.16 天津新房和二手房交易比较 54

4 房地产新房项目

4.1 北京按城区新房项目数量 57

4.2 广州按城区新房项目数量 57

4.3 深圳按城区新房项目数量 58

4.4 北京新房在售项目分布 58

4.5 广州新房在售项目分布 59

4.6 深圳新房在售项目分布 59

4.7 上海新开盘项目情况 60

5 房地产二手房市场

5.1 北京二手房房源情况 63

5.2 北京二手房平均价格情况 63

5.3 北京二手房价格排名 64

5.4 北京二手房市场价格变化 64

5.5 北京二手房按区域询价 65

5.6 北京二手房到片区价格情况 65

6 房地产出租房市场

6.1 四大城市出租房市场 69

    6.1.1 北京出租房市场房源分布 69

    6.1.2 北京出租房价格分析 69

    6.1.3 北京出租房指标排名 70

    6.1.4 北京出租房价格排名 70

    6.1.5 北京出租房市场价格变化 71

    6.1.6 北京出租房按区域询价 71

6.2 二线城市出租房市场 72

    6.2.1 长沙出租房市场房源分布 72

    6.2.2 长沙出租房价格分析 72

    6.2.3 长沙出租房指标排名 73

    6.2.4 长沙出租房价格排名 73

    6.2.5 长沙出租房市场价格变化 74

    6.2.6 长沙出租房按区域询价 74

7 房地产开发和服务商

7.1 房地产新项目开发商 77
7.1.1 北京新房项目开发商情况 77
7.1.2 广州新房项目开发商情况 77
7.1.3 深圳新房项目开发商情况 78
7.2 房地产中介公司竞争力 78
7.2.1 重点城市二手房中介公司竞争力 78
7.2.2 重点城市出租房中介公司竞争力 79

8 房地产投资

8.1 房地产投资 83
8.1.1 全国房地产投资趋势 83
8.1.2 全国房地产投资情况 83
8.1.3 华东地区房地产投资累计额和同比 84
8.1.4 华北地区房地产投资累计额和同比 84
8.1.5 华南地区房地产投资累计额和同比 85
8.1.6 西北地区房地产投资累计额和同比 85
8.1.7 华东地区各省市房地产投资累计额和同比 86
8.1.8 华北地区各省市房地产投资累计额和同比 86
8.1.9 西北地区各省市房地产投资累计额和同比 87
8.1.10 西南地区各省市房地产投资累计额和同比 87
8.2 房地产投资来源 88
8.2.1 房地产开发资金来源趋势 88
8.2.2 房地产开发资金来源情况 88
8.2.3 华东地区房地产开发资金来源 89
8.2.4 华北地区房地产开发资金来源 89

8.2.5 华南地区房地产开发资金来源 90
8.2.6 西南地区房地产开发资金来源 90
8.2.7 华东地区各省市房地产开发资金来源 91
8.2.8 华北地区各省市房地产开发资金来源 91
8.2.9 华南地区各省市房地产开发资金来源 92
8.2.10 西南地区各省市房地产开发资金来源 92

9 房地产开发和存量

9.1 房屋面积和造价 95
9.1.1 按区域房屋面积和造价 95
9.1.2 华东地区各省市房屋面积和价格 95
9.1.3 华北地区各省市房屋面积和价格 96
9.1.4 华南地区各省市房屋面积和价格 96
9.1.5 西南地区各省市房屋面积和价格 97

9.2 预售商品房和市场容量 97
9.2.1 上海市黄浦区可售商品房情况 97
9.2.2 上海市浦东区可售商品房情况 98
9.2.3 上海市可售商品房区域排名 98

10 供求分析

10.1 重点城市平均地价 101
10.1.1 北京市按用途平均地价 101
10.1.2 上海市按用途平均地价 101
10.1.3 广州市按用途平均地价 102
10.1.4 深圳市按用途平均地价 102
10.1.5 重点城市平均地价排名 103

10.2 重点城市土地交易 103
10.2.1 北京市土地交易情况 103
10.2.2 上海市土地交易情况 104

10.2.3	广州市土地交易情况	104
10.2.4	南京市土地交易情况	105
10.2.5	重点城市按土地交易面积排名	105
10.2.6	重点城市土地交易楼面地价趋势	106
10.2.7	重点城市楼面交易价格	106

11 房地产开发企业

11.1 房地产开发企业个数 109
- 11.1.1 房地产开发企业个数 109
- 11.1.2 按区域房地产开发企业个数 109
- 11.1.3 华东地区各省市房地产开发企业个数 110
- 11.1.4 华北地区各省市房地产开发企业个数 110
- 11.1.5 华南地区各省市房地产开发企业个数 111
- 11.1.6 西南地区各省市房地产开发企业个数 111

11.2 房地产开发企业就业指标 112
- 11.2.1 房地产开发企业就业人数 112
- 11.2.2 按区域房地产开发企业就业人数 112
- 11.2.3 华东地区各省市房地产开发企业就业人数 113
- 11.2.4 华北地区各省市房地产开发企业就业人数 113
- 11.2.5 华南地区各省市房地产开发企业就业人数 114
- 11.2.6 西南地区各省市房地产开发企业就业人数 114

11.3 房地产开发企业财务指标 115
- 11.3.1 华东地区房地产开发企业财务指标 115
- 11.3.2 按区域房地产开发企业财务指标 115
- 11.3.3 华东地区各省市房地产开发企业财务指标 116
- 11.3.4 华北地区各省市房地产开发企业财务指标 116
- 11.3.5 华南地区各省市房地产开发企业财务指标 117
- 11.3.6 西南地区各省市房地产开发企业财务指标 117

11.4 房地产开发企业按用途销售情况 118
- 11.4.1 各地区按用途分商品房销售概况 118

13

11.4.2 各地区按用途分商品房销售套数 118
11.4.3 各地区按用途分商品房销售面积 119
11.4.4 各地区按用途分商品房销售金额 119
11.4.5 各地区按用途分商品房销售单价 120

11.5 房地产开发企业按资质销售情况 120
11.5.1 各地区按资质分商品房销售概况 120
11.5.2 各地区按资质分商品房销售套数 121
11.5.3 各地区按资质分商品房销售面积 121
11.5.4 各地区按资质分商品房销售金额 122
11.5.5 各地区按用途分商品房销售单价 122

12 房地产上市公司

12.1 房地产行业股票市场规模 125
12.1.1 房地产行业和股票市场规模 125
12.1.2 房地产行业按成交量股票交易规模 125

12.2 房地产行业上市公司 126
12.2.1 房地产行业上市公司按总资产排名 126
12.2.2 房地产行业上市公司按营业总收入排名 126
12.2.3 房地产行业上市公司按员工人数排名 127
12.2.4 广东省房地产行业 A 股上市公司机构持股排名 127

12.3 房地产行业上市公司股市交易 128
12.3.1 行业上市公司日交易排名 128
12.3.2 行业上市公司当日股市资金减仓情况 128

12.4 房地产行业上市公司财务报表 129
12.4.1 房地产行业上市公司资产负债表排名 129
12.4.2 房地产行业上市公司每股收入指标排名 129

后 记 130

1 房地产指数

Chapter 1

> 1.1 全国房地产价格指数
> 1.2 百城住宅价格指数
> 1.3 全国 70 大中城市房地产指数

1.1 全国房地产价格指数

1.1.1 国房景气指数

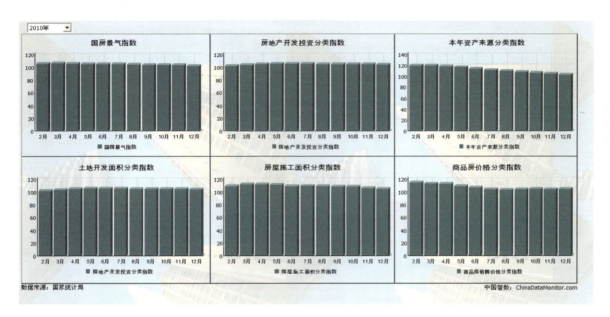

1.1.2 国房景气指数趋势

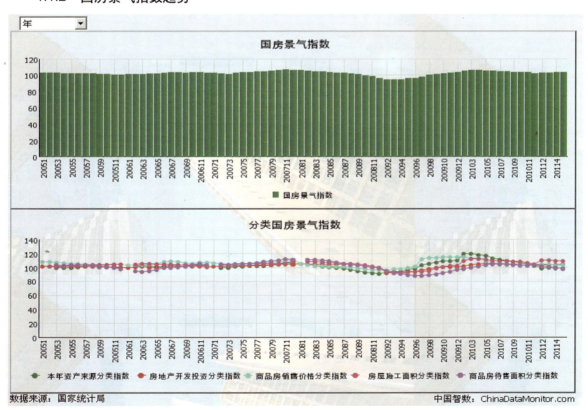

1.1.3　分类国房景气指数

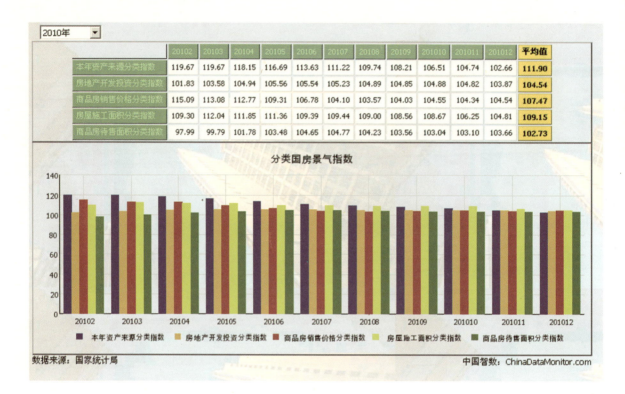

1.1.4　全国房屋销售价格指数（上年同月=100）

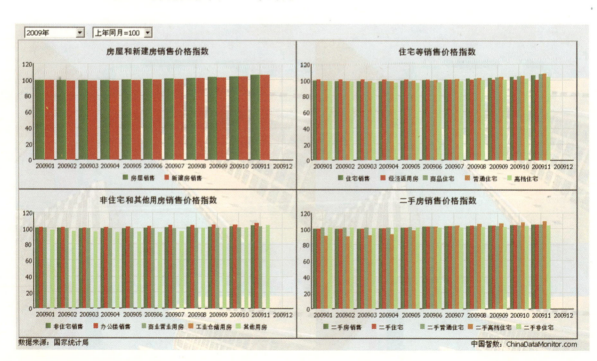

1.1.5 全国房屋销售价格指数（上月=100）

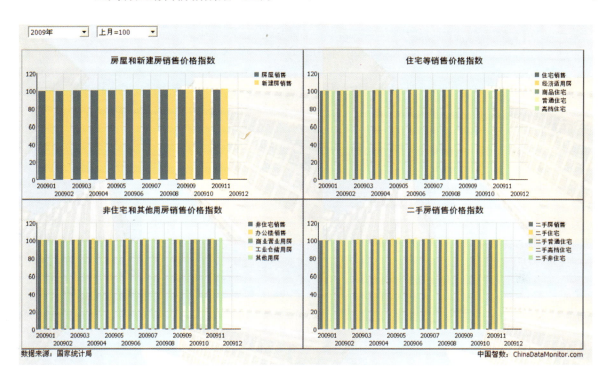

1.1.6 全国房屋租赁价格指数（上年同期=100）

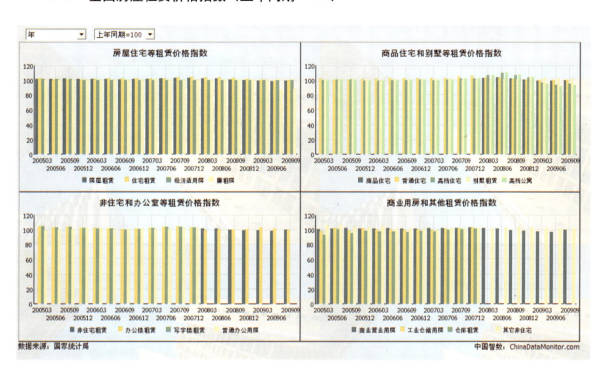

1.1.7 全国房屋租赁价格指数（上季=100）

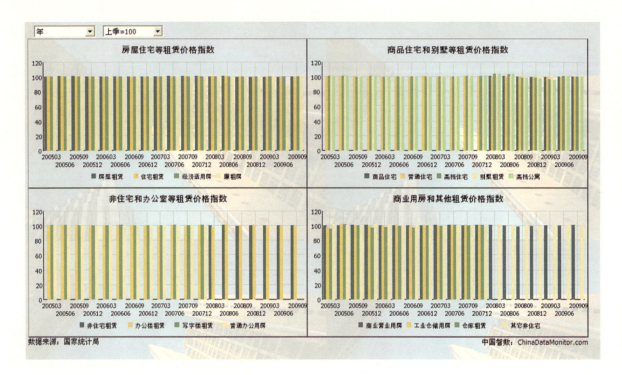

1.1.8 全国土地交易价格指数（上年同期=100）

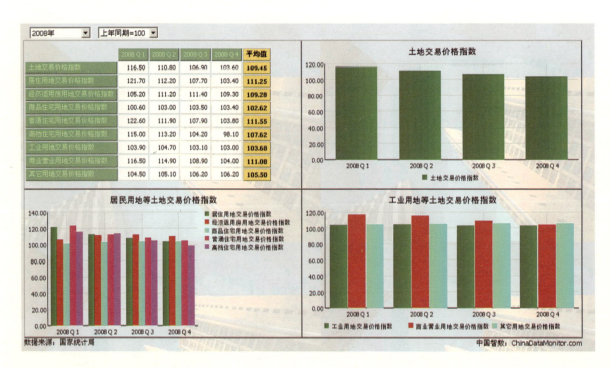

1.1.9 全国土地交易价格指数（上季 =100）

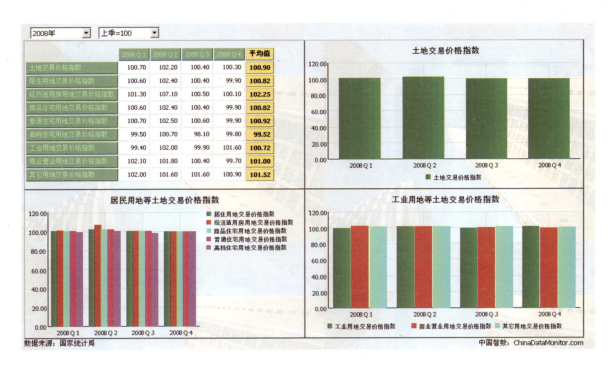

1.1.10 全国物业管理价格指数（上年同期 =100）

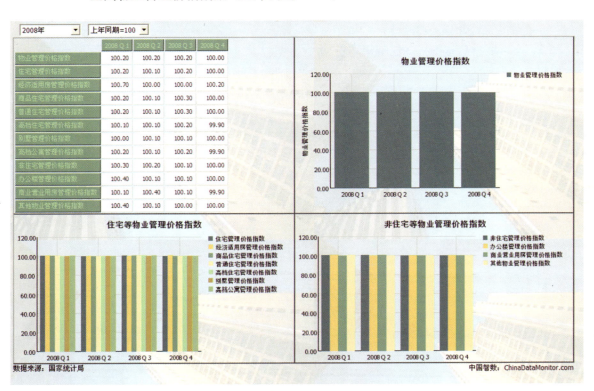

1.2 百城住宅价格指数
1.2.1 百城排名省份住宅价格趋势

1.2.2 百城排名省份样本住宅平均价格

1.2.3　百城样本住宅最高和平均价格差异

1.2.4　河北省城市样本住宅价格情况

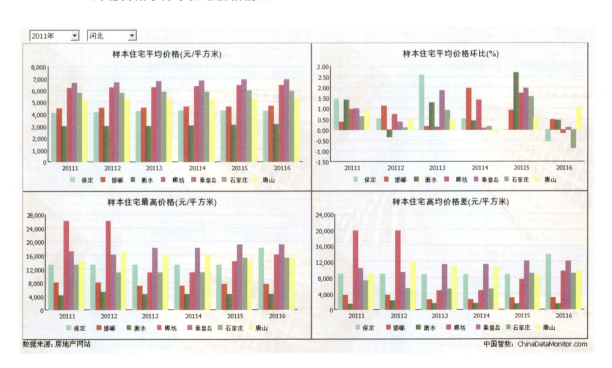

1.2.5 广东省城市样本住宅价格情况

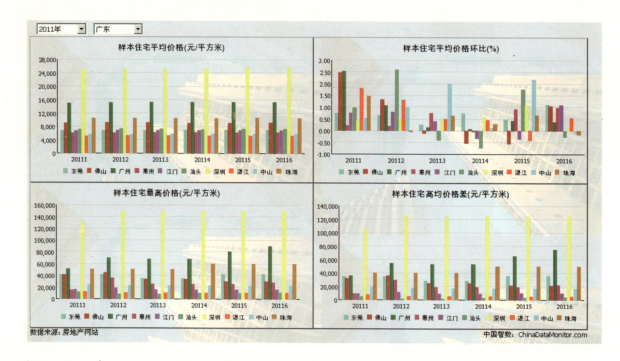

1.2.6 山东省城市样本住宅价格情况

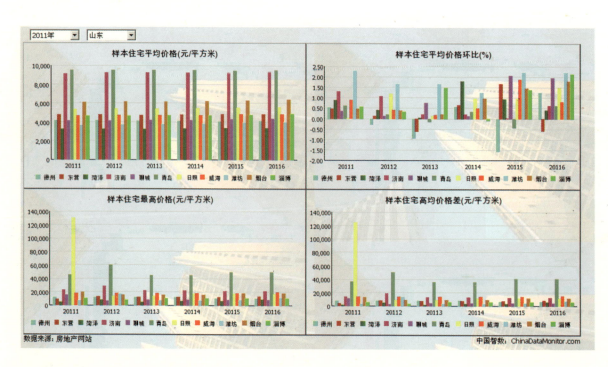

1.3 全国 70 大中城市房地产指数

1.3.1 全国 70 个大中城市房地产价格指数

1.3.2 全国 70 个大中城市房地产价格指数（河北省石家庄市）

1.3.3　全国70个大中城市房地产价格指数（湖南省长沙市）

1.3.4　全国70个大中城市房地产价格指数（江苏省无锡市）

1.3.5 全国70个大中城市房屋销售价格指数

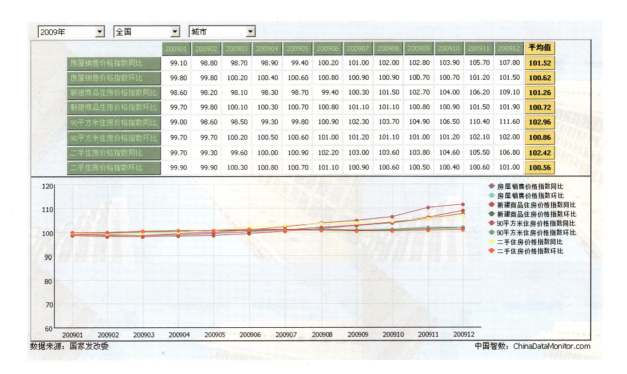

1.3.6 全国70个大中城市房屋销售价格指数（河北省石家庄市）

1.3.7　全国70个大中城市房屋销售价格指数（湖南省长沙市）

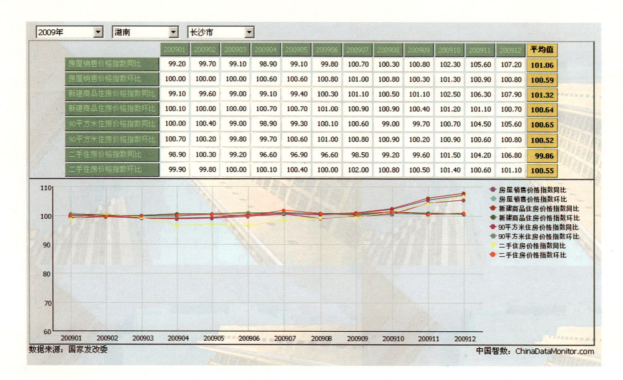

1.3.8　全国70个大中城市房屋销售价格指数（江苏省无锡市）

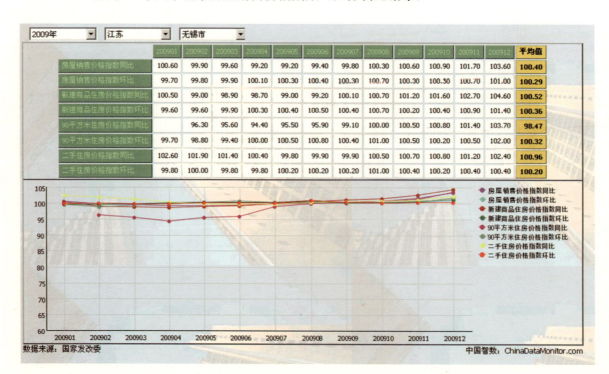

2 房地产价格

Chapter 2

- 2.1 重点城市新房项目价格
- 2.2 重点城市按城区二手房交易价格
- 2.3 重点城市按城区二手房交易排名
- 2.4 重点城市按板块二手房交易价格

2.1 重点城市新房项目价格

2.1.1 北京在售新房项目

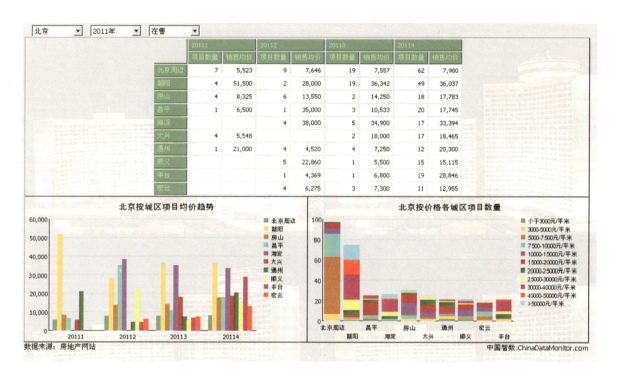

2.1.2 北京待售新房项目

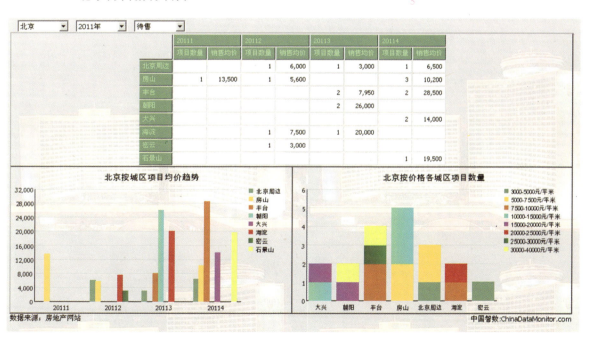

2.1.3 广州在售新房项目

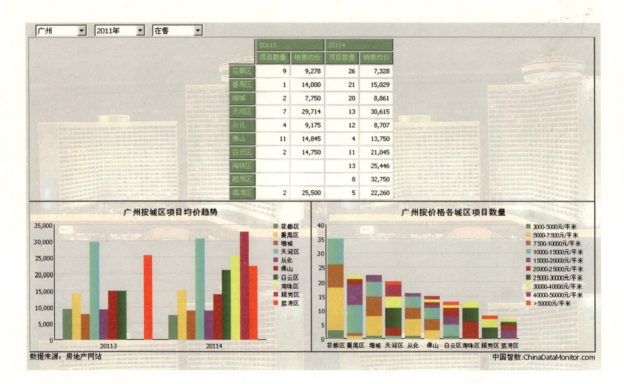

2.1.4 广州待售新房项目

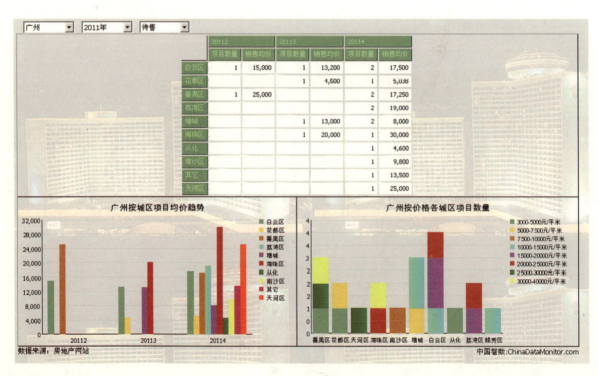

2.1.5 深圳在售新房项目

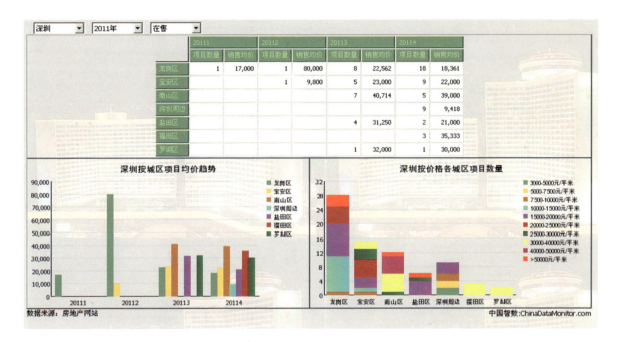

2.1.6 深圳待售新房项目

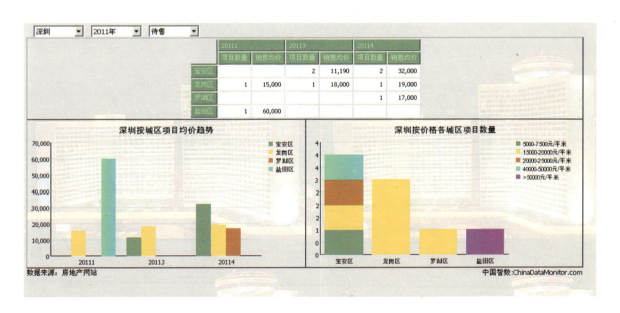

2.1.7 天津在售新房项目

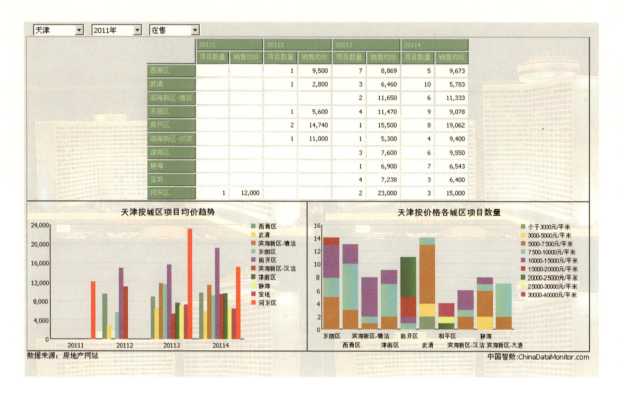

2.1.8 天津尾盘新房项目

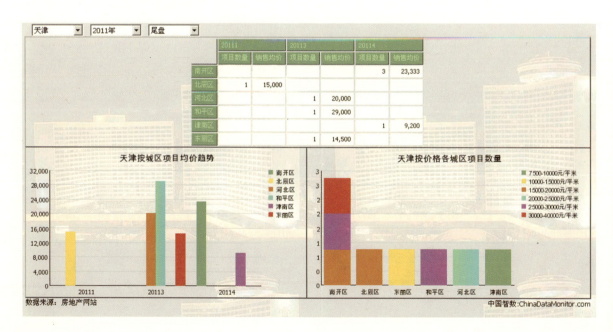

2.2 重点城市按城区二手房交易价格

2.2.1 重点城市二手房成交价格最贵城区

2.2.2 重点城市二手房成交价格差异

2.2.3 北京市按城区二手房成交价格趋势

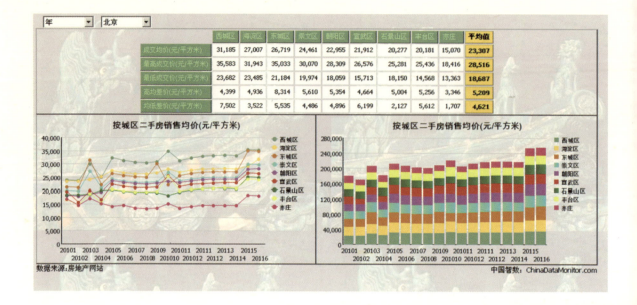

2.2.4 北京市按城区二手房成交价格

2.2.5 北京市按城区二手房销售价格差异

2.2.6 广州市按城区二手房销售价格趋势

2.2.7 广州市按城区二手房销售价格

2.2.8 广州市按城区二手房销售价格差异

2.2.9 上海市按城区二手房销售价格趋势

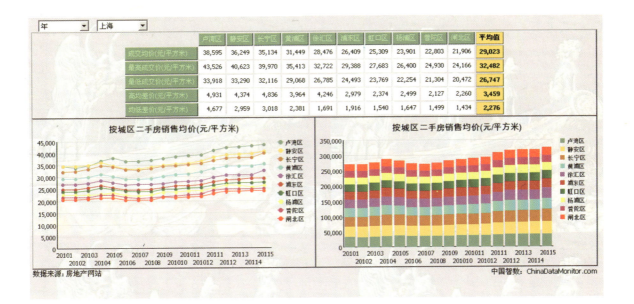

2.2.10 上海市按城区二手房销售价格

2.2.11 上海市按城区二手房销售价格差异

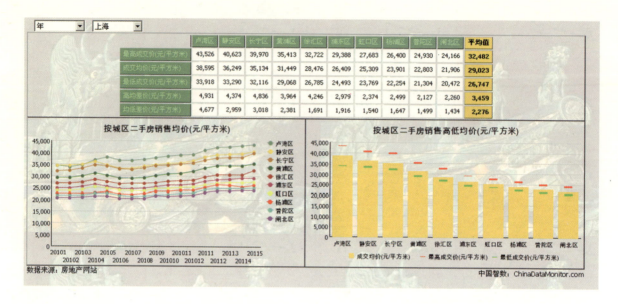

2.2.12 深圳市按城区二手房销售价格趋势

2.2.13 深圳市按城区二手房销售价格

2.2.14 深圳市按城区二手房销售价格差异

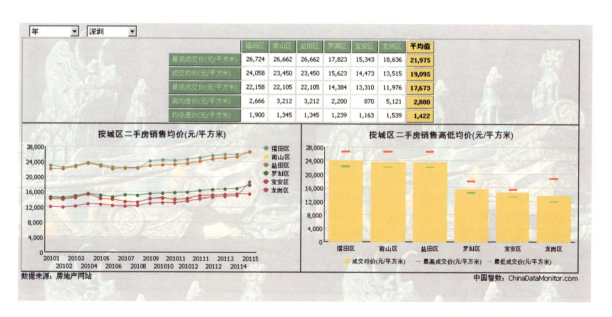

2.3 重点城市按城区二手房交易排名

2.3.1 北京市按城区二手房销售价格排名

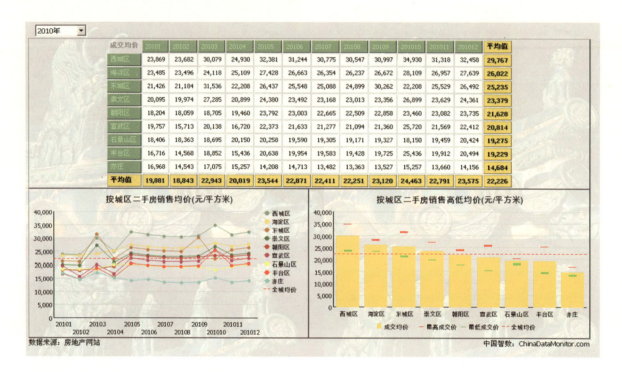

2.3.2 广州市按城区二手房销售价格排名

2.3.3 上海市按城区二手房销售价格排名

2.3.4 深圳市按城区二手房销售价格排名

2.3.5 天津市按城区二手房销售价格排名

2.4 重点城市按板块二手房交易价格

2.4.1 北京市朝阳区各板块二手房销售价格排名

2.4.2 北京市崇文区各板块二手房销售价格排名

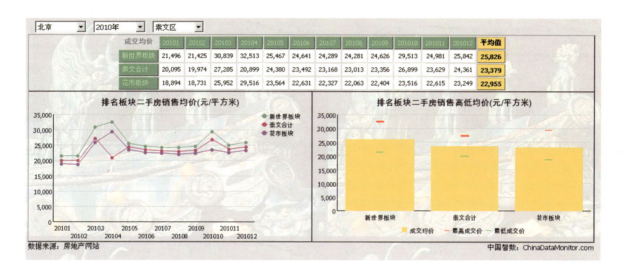

2.4.3 上海市卢湾区各板块二手房销售价格

2.4.4 上海市浦东区各板块二手房销售价格

2.4.5 广州市白云区各板块二手房销售价格

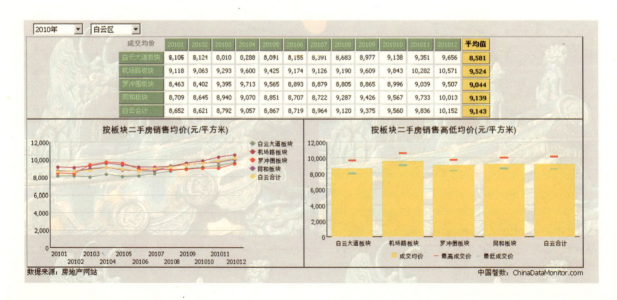

2.4.6 广州市天河区各板块二手房销售价格

2.4.7 深圳市福田区各板块二手房销售价格

2.4.8 深圳市罗湖区各板块二手房销售价格

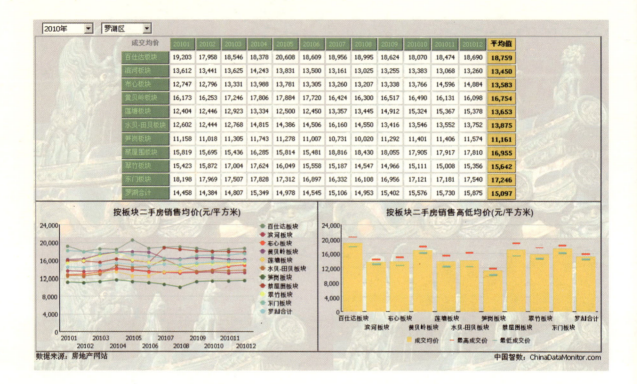

2.4.9 天津市南开区各板块二手房销售价格

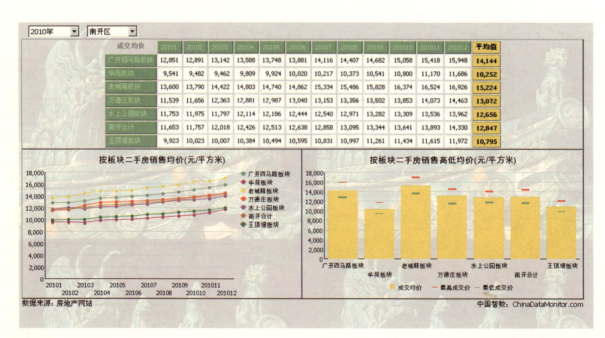

2.4.10 天津市河东区各板块二手房销售价格

3 房地产交易

Chapter 3

> 3.1 重点城市房地产交易
> 3.2 二线城市房地产交易

3.1 重点城市房地产交易

3.1.1 重点城市商品房交易趋势

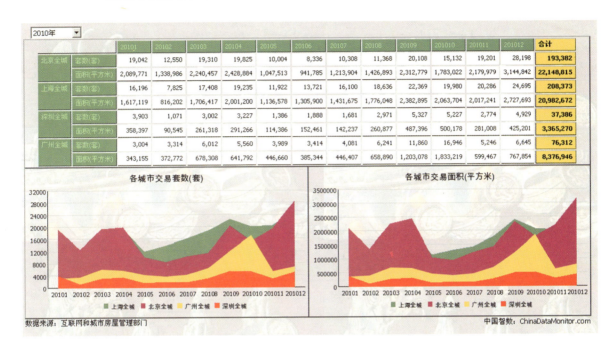

数据来源：互联网和城市房屋管理部门　　　　　　　　　　　　　　　　中国智数：ChinaDataMonitor.com

3.1.2 北京商品住宅期房每日交易趋势

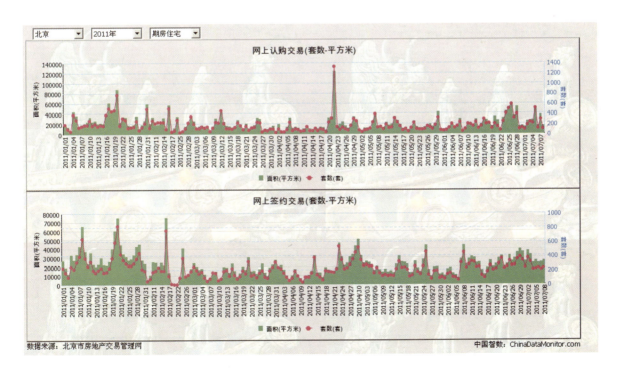

数据来源：北京市房地产交易管理网　　　　　　　　　　　　　　　　中国智数：ChinaDataMonitor.com

3.1.3 北京商品住宅现房每日交易趋势

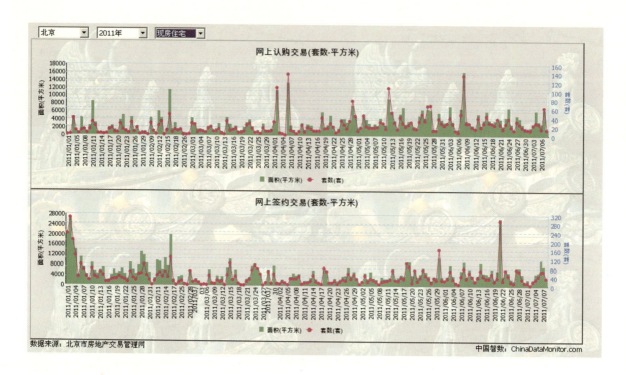

3.1.4 北京商品住宅现房按月交易趋势

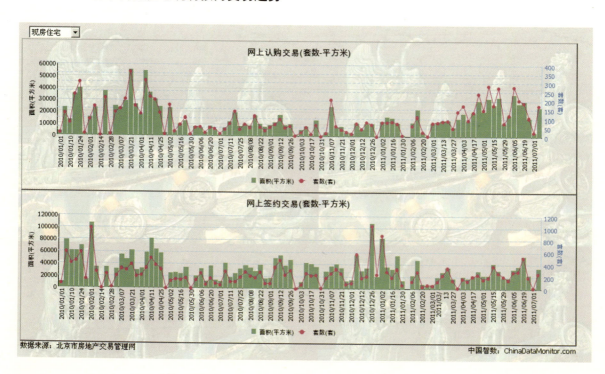

3.1.5　北京商品住宅期房按月交易趋势

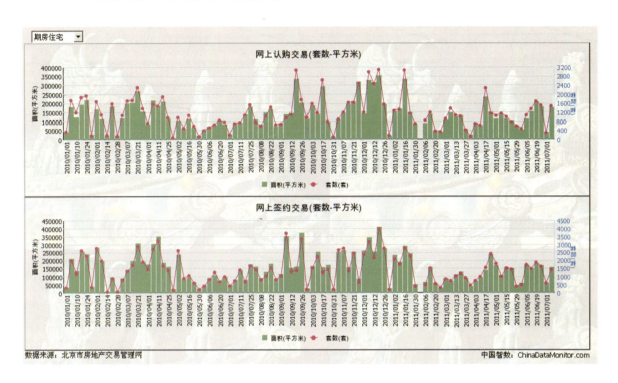

3.1.6　北京商品住宅现房交易情况

3.1.7 北京商品住宅期房交易情况

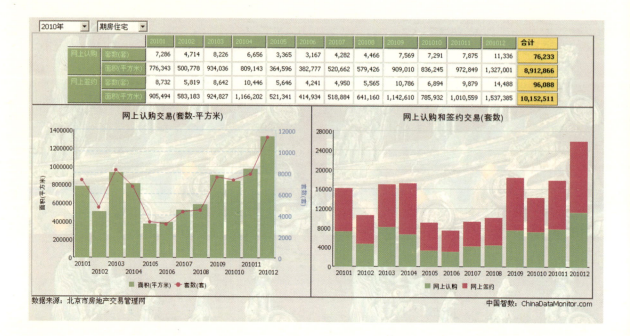

3.1.8 上海商品住宅按内外环月交易情况

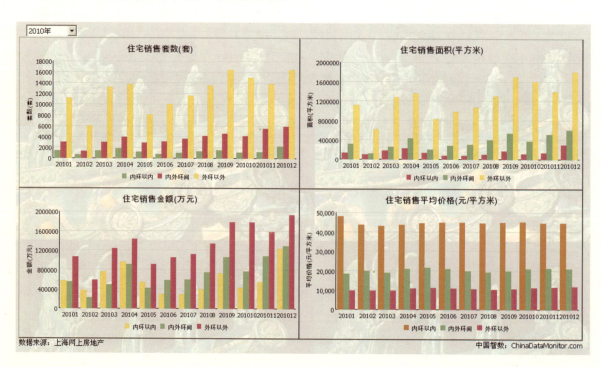

3.1.9 上海商品住宅按内外环日交易情况

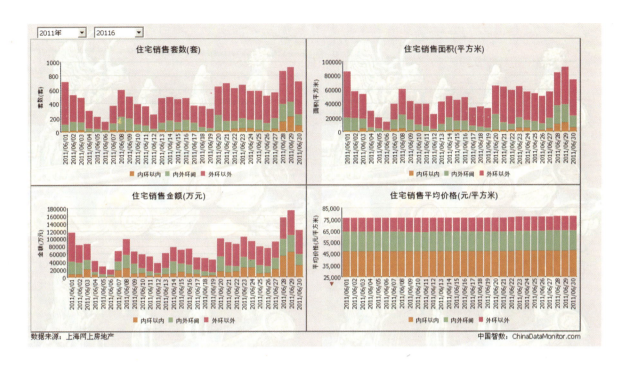

3.1.10 上海商品住宅按内外环交易价格趋势

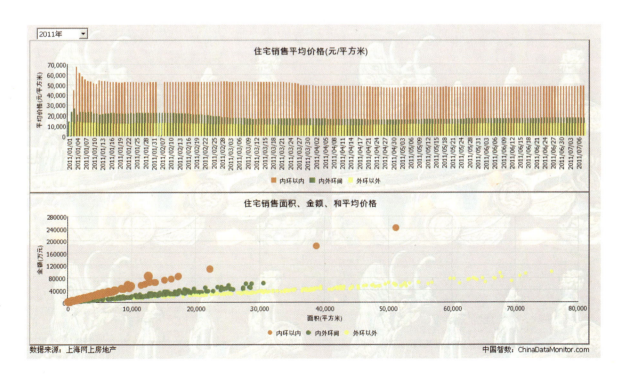

3.1.11 上海商品住宅按内外环交易价格

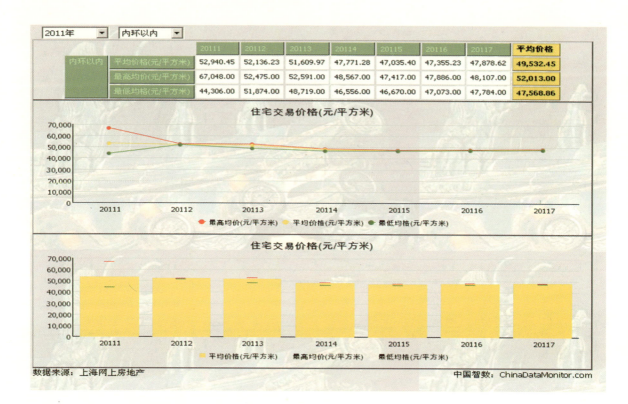

数据来源：上海网上房地产

3.1.12 广州商品住宅到天交易趋势

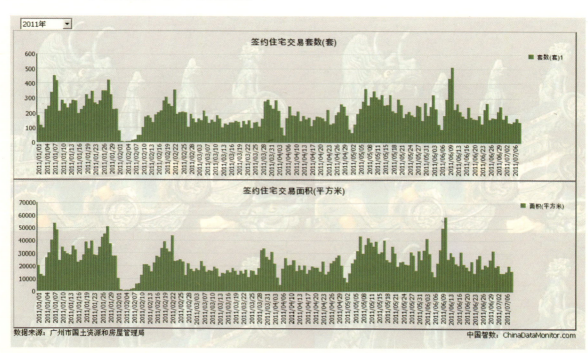

数据来源：广州市国土资源和房屋管理局

3.1.13 深圳商品房到日交易趋势

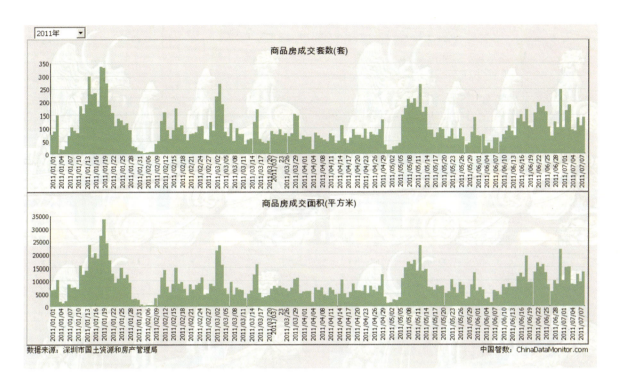

3.1.14 深圳商品房月成交情况

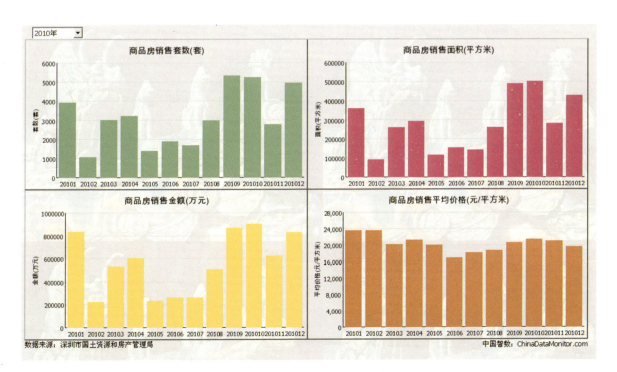

3.1.15 深圳商品房成交价格情况

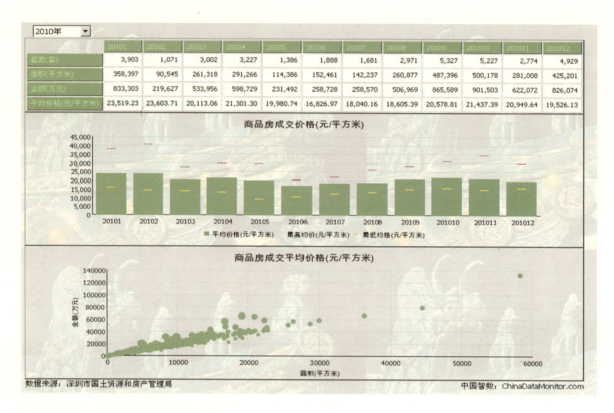

数据来源：深圳市国土资源和房产管理局　　　　　　　　中国智数：ChinaDataMonitor.com

3.2 二线城市房地产交易

3.2.1 二线城市商品房交易趋势

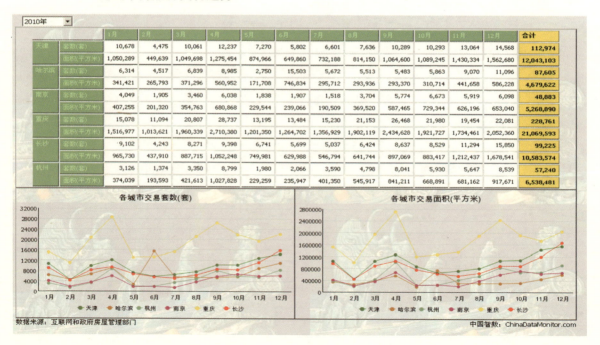

数据来源：互联网和政府房屋管理部门　　　　　　　　中国智数：ChinaDataMonitor.com

3.2.2 二线城市商品房交易占比

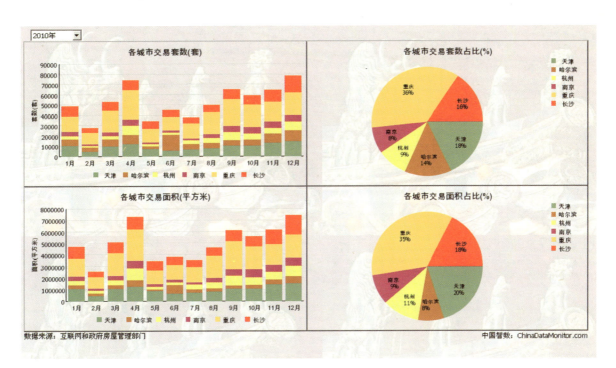

3.2.3 天津按城区商品住宅交易情况

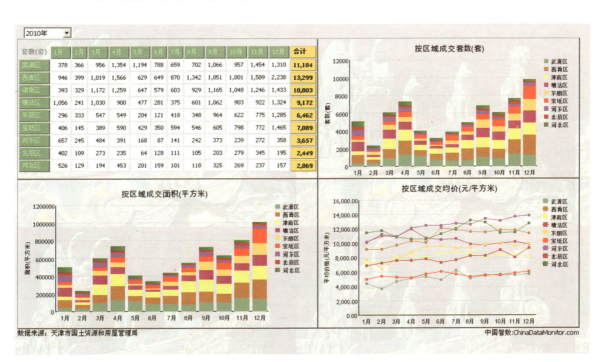

3.2.4 天津市西青区商品住宅交易情况

3.2.5 天津每日按城区商品房交易情况

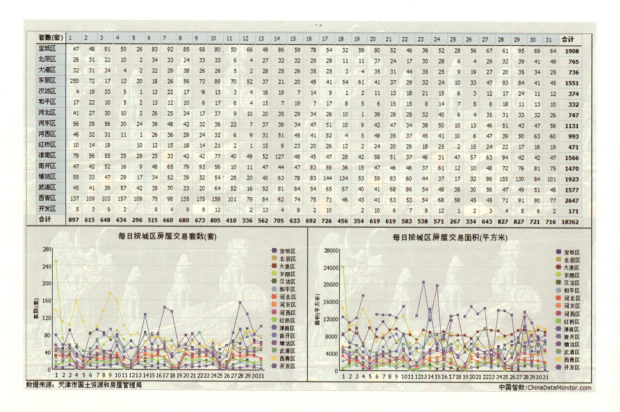

3.2.6 天津按套数商品住宅交易城区排名

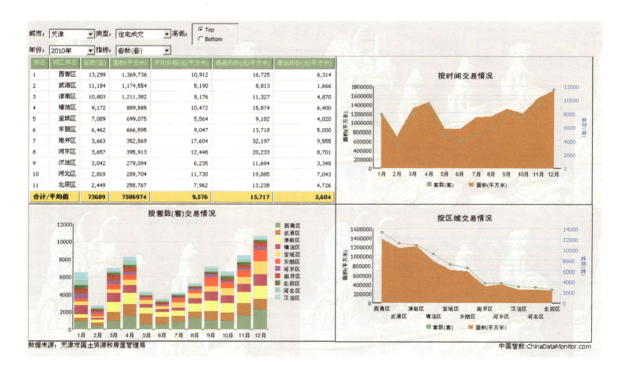

3.2.7 天津按面积商品住宅交易城区排名

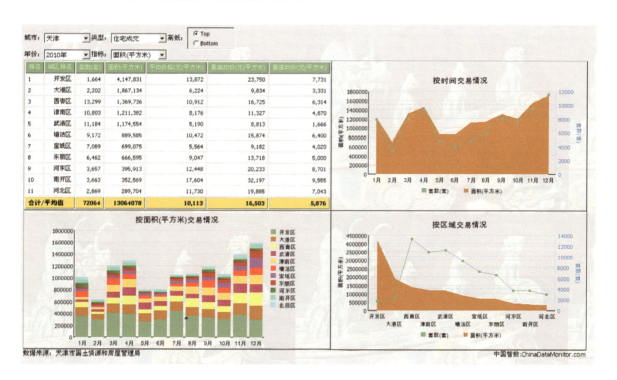

3.2.8　天津按均价商品住宅交易城区排名

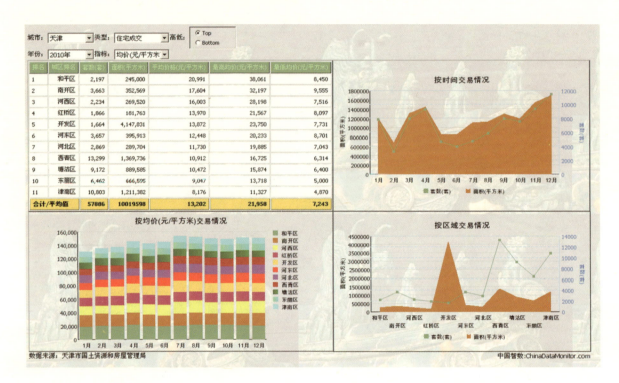

3.2.9　天津按套数二手房交易城区排名

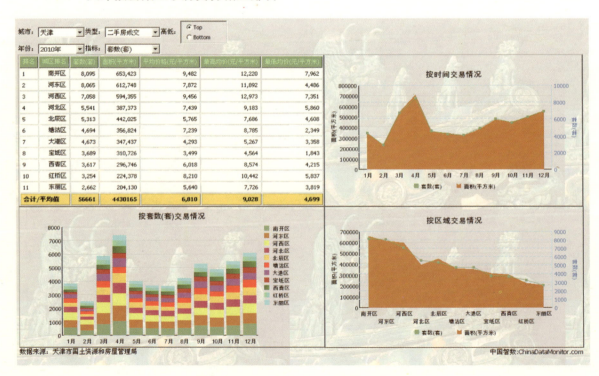

3.2.10 天津按面积二手房交易城区排名

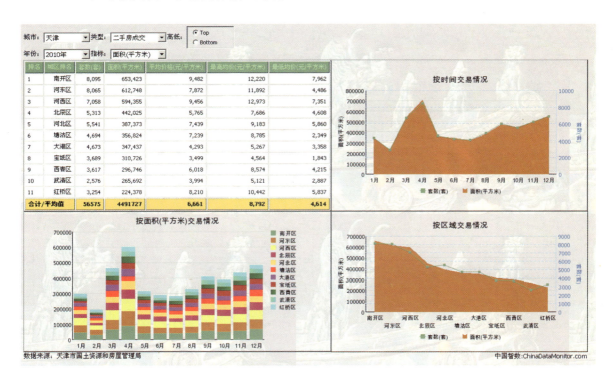

3.2.11 天津按均价二手房交易城区排名

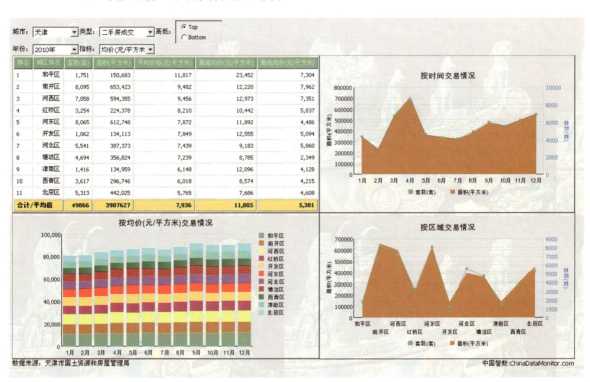

3.2.12　天津商品住宅成交城区占比

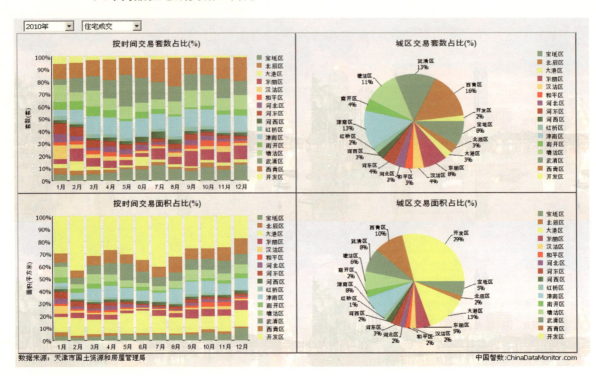

3.2.13　天津二手房成交城区占比

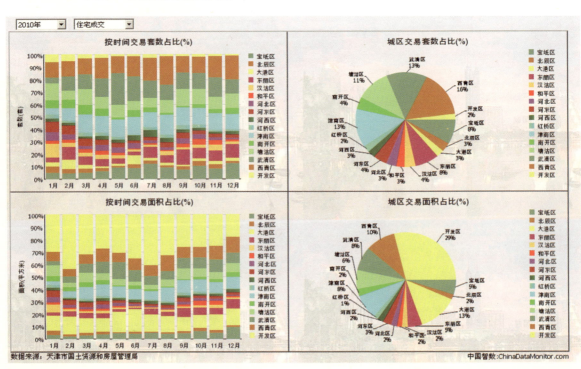

3.2.14 天津住宅成交平均价格

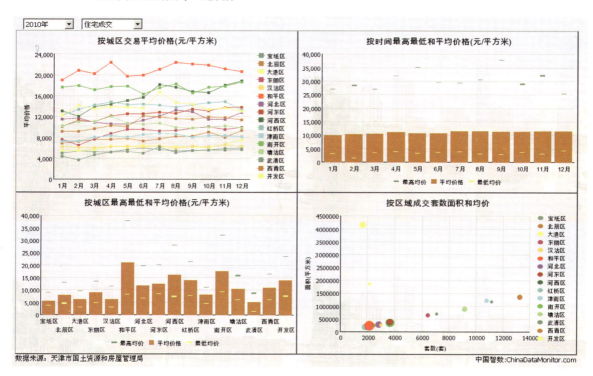

数据来源：天津市国土资源和房屋管理局　　　　　　　　　　　　　　中国智数：ChinaDataMonitor.com

3.2.15 天津二手房成交平均价格

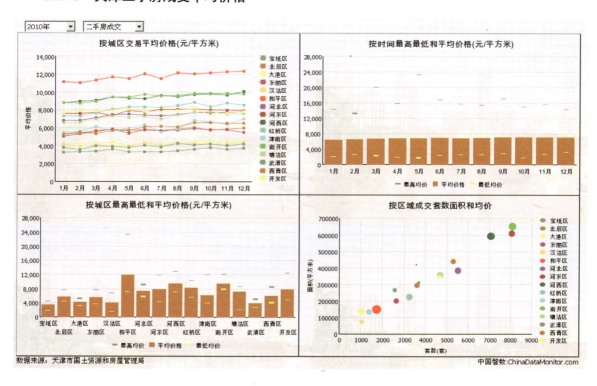

数据来源：天津市国土资源和房屋管理局　　　　　　　　　　　　　　中国智数：ChinaDataMonitor.com

3.2.16 天津新房和二手房交易比较

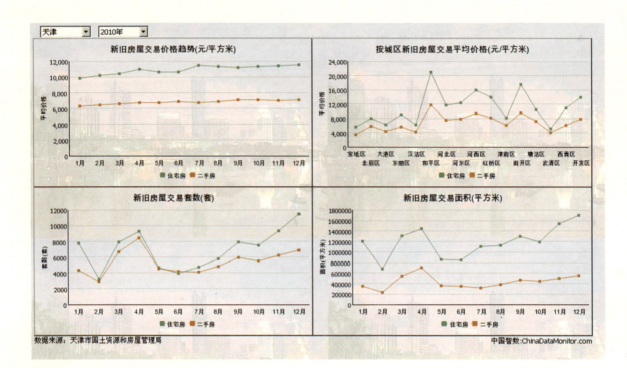

4 房地产新房项目

Chapter 4

- 4.1 北京按城区新房项目数量
- 4.2 广州按城区新房项目数量
- 4.3 深圳按城区新房项目数量
- 4.4 北京新房在售项目分布
- 4.5 广州新房在售项目分布
- 4.6 深圳新房在售项目分布
- 4.7 上海新开盘项目情况

4.1 北京按城区新房项目数量

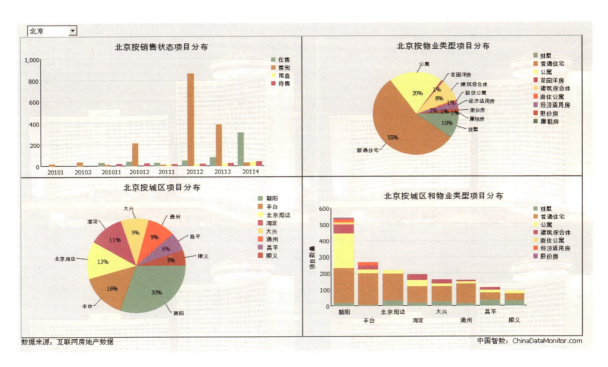

4.2 广州按城区新房项目数量

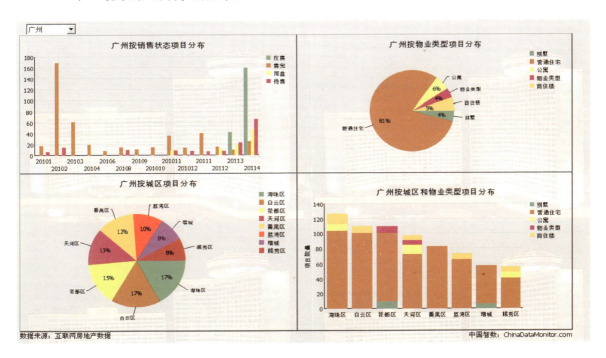

4.3 深圳按城区新房项目数量

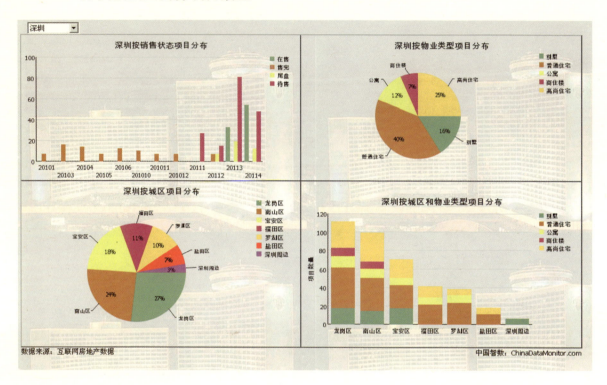

4.4 北京新房在售项目分布

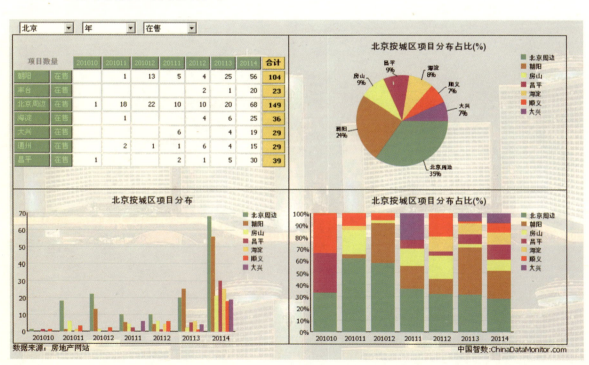

4.5 广州新房在售项目分布

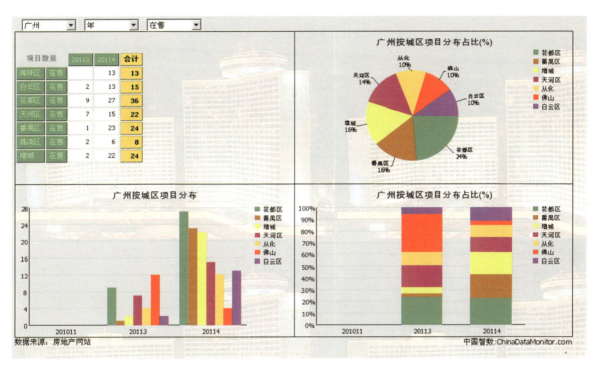

4.6 深圳新房在售项目分布

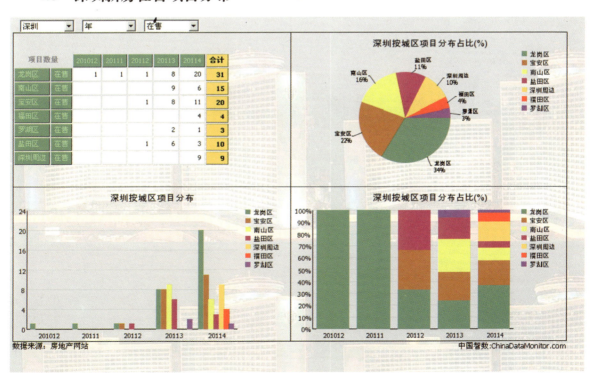

4.7 上海新开盘项目情况

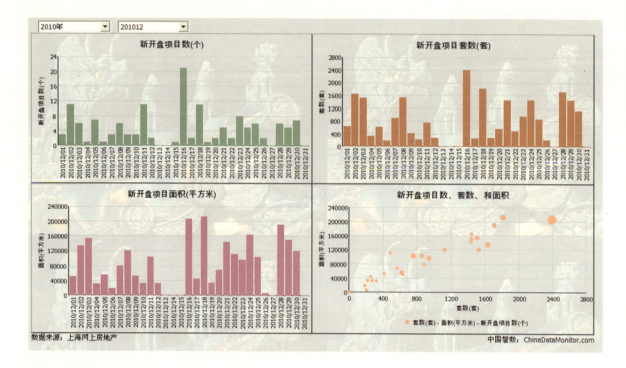

5 房地产二手房市场

Chapter 5

> 5.1 北京二手房房源情况

> 5.2 北京二手房平均价格情况

> 5.3 北京二手房价格排名

> 5.4 北京二手房市场价格变化

> 5.5 北京二手房按区域询价

> 5.6 北京二手房到片区价格情况

5.1 北京二手房房源情况

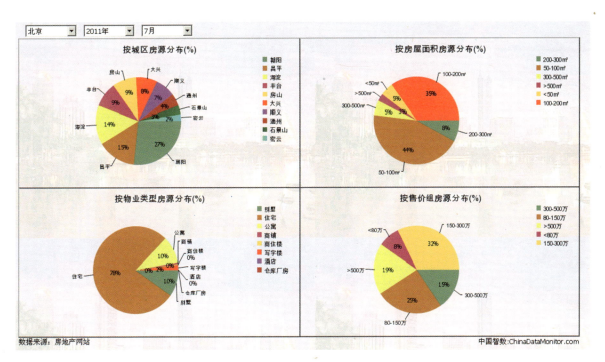

5.2 北京二手房平均价格情况

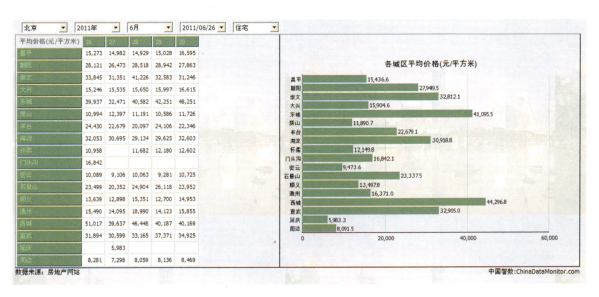

5.3　北京二手房价格排名

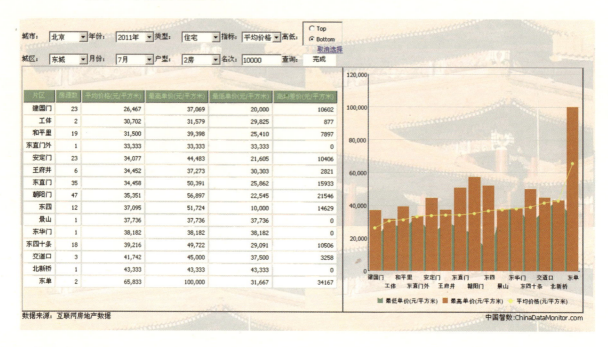

数据来源：互联网房地产数据

5.4　北京二手房市场价格变化

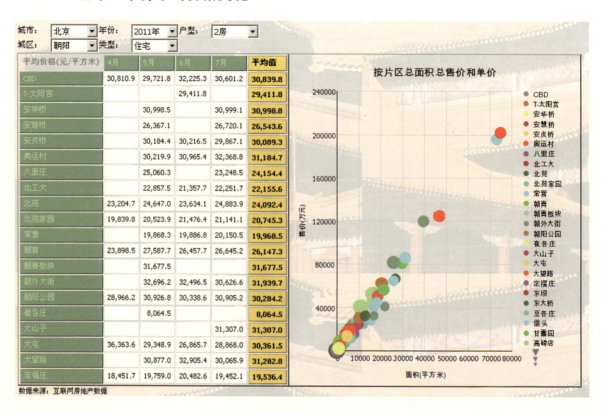

数据来源：互联网房地产数据

5.5 北京二手房按区域询价

数据来源：房地产网站

5.6 北京二手房到片区价格情况

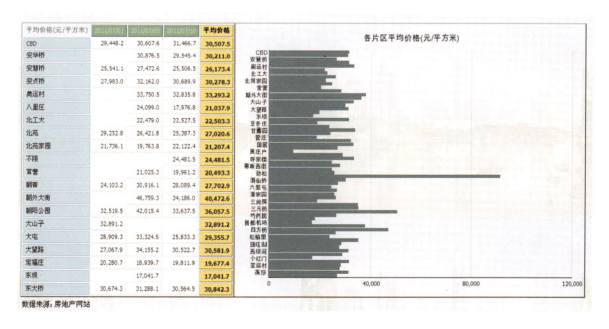

数据来源：房地产网站

6 房地产出租房市场

Chapter 6

> 6.1 四大城市出租房市场
> 6.2 二线城市出租房市场

6.1 四大城市出租房市场

6.1.1 北京出租房市场房源分布

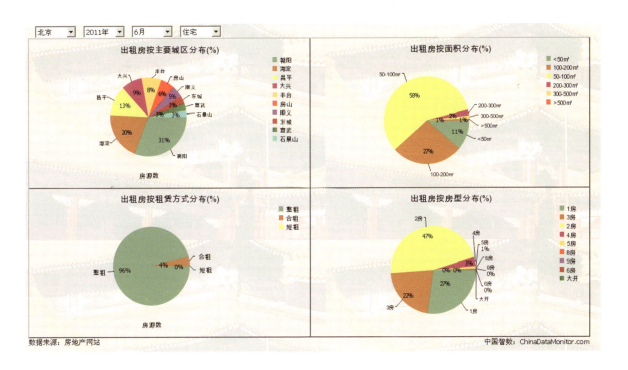

6.1.2 北京出租房价格分析

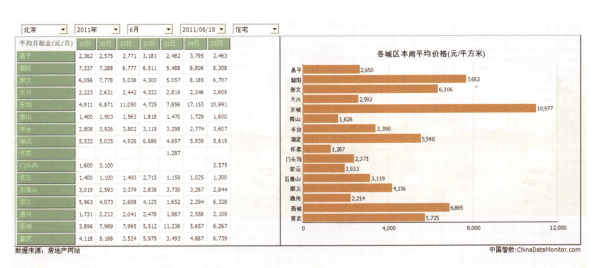

6.1.3 北京出租房指标排名

排名	城区排名	房源数	面积	平均月租金(元/月)	最高月租金(元/月)	最低月租金(元/月)	高均租金差	高低租金差	均低租金差
1	东城	1,837	644,019	59,328	6,960,000	500	6,900,672	6,959,500	58828
2	朝阳	17,626	5,271,514	43,649	4,950,000	500	4,906,351	4,949,500	43149
3	西城	954	237,641	41,883	1,650,000	800	1,608,117	1,649,200	41083
4	崇文	729	130,320	17,331	756,000	900	738,669	755,100	16431
5	宣武	838	146,887	16,618	900,000	1,000	883,382	899,000	15618
6	海淀	6,042	804,129	12,421	7,350,000	600	7,337,579	7,349,400	11821
7	顺义	1,676	311,223	10,526	115,000	800	104,474	114,200	9726
8	丰台	2,233	187,751	3,655	104,400	500	100,745	103,900	3155
9	昌平	3,550	394,841	3,475	180,000	500	176,525	179,500	2975
10	石景山	721	57,781	3,277	135,000	700	131,723	134,300	2577
合计/平均值		36,206	8,186,106	21,216	2,310,040	680	2,288,824	2,309,360	20536

6.1.4 北京出租房价格排名

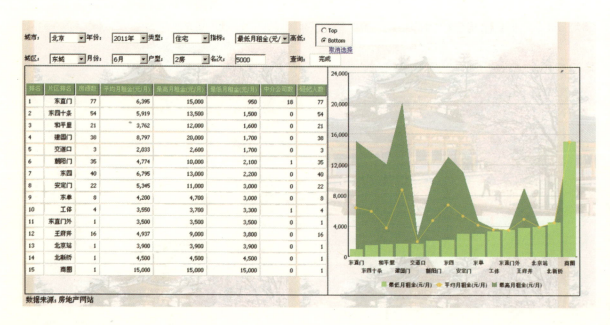

排名	片区排名	房源数	平均月租金(元/月)	最高月租金(元/月)	最低月租金(元/月)	中介公司数	经纪人数
1	东直门	77	6,395	15,000	950	18	77
2	东四十条	54	5,919	13,500	1,500	0	54
3	和平里	21	3,762	12,000	1,600	0	21
4	建国门	38	8,797	20,000	1,700	0	38
5	交道口	3	2,033	2,600	1,700	0	3
6	朝阳门	35	4,774	10,000	2,100	1	35
7	东四	40	6,795	13,000	2,200	0	40
8	安定门	22	5,345	11,000	3,000	0	22
9	东单	8	4,200	4,700	3,000	0	8
10	工体	4	3,550	3,700	3,300	1	4
11	东直门外	1	3,500	3,500	3,500	0	1
12	王府井	16	4,937	9,000	3,800	0	16
13	北京站	1	3,900	3,900	3,900	0	1
14	北新桥	1	4,500	4,500	4,500	0	1
15	商圈	1	15,000	15,000	15,000	0	1

6.1.5 北京出租房市场价格变化

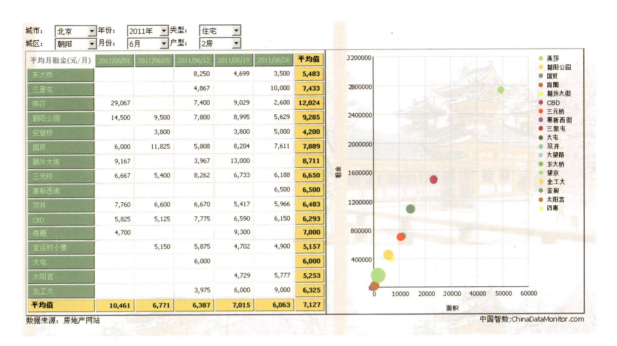

6.1.6 北京出租房按区域询价

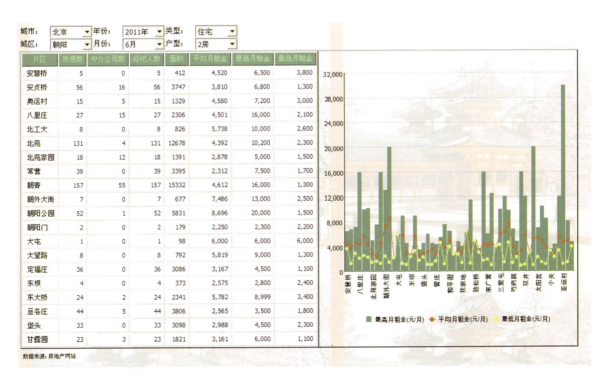

6.2 二线城市出租房市场

6.2.1 长沙出租房市场房源分布

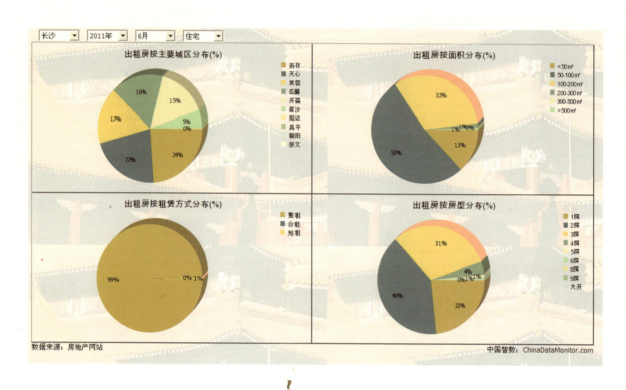

6.2.2 长沙出租房价格分析

6.2.3 长沙出租房指标排名

6.2.4 长沙出租房价格排名

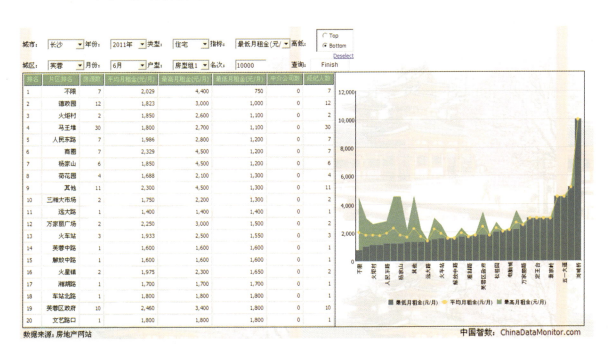

6.2.5　长沙出租房市场价格变化

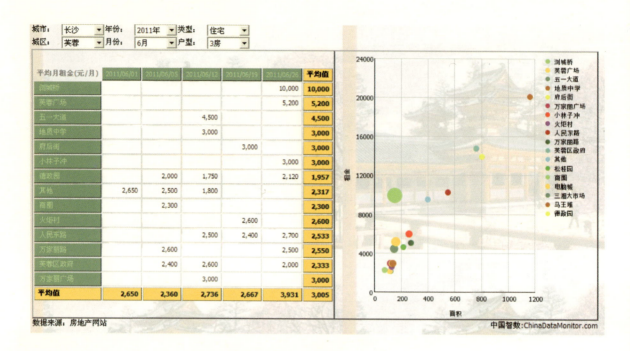

6.2.6　长沙出租房按区域询价

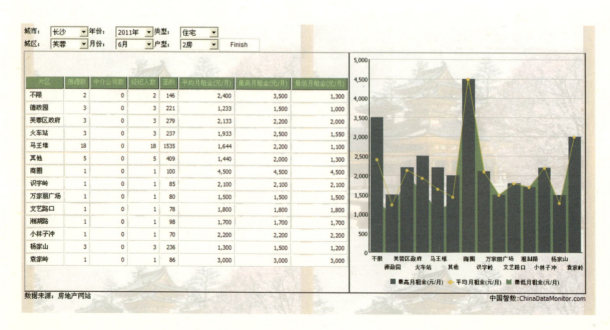

7 房地产开发和服务商

Chapter 7

> 7.1 房地产新项目开发商

> 7.2 房地产中介公司竞争力

7.1 房地产新项目开发商

7.1.1 北京新房项目开发商情况

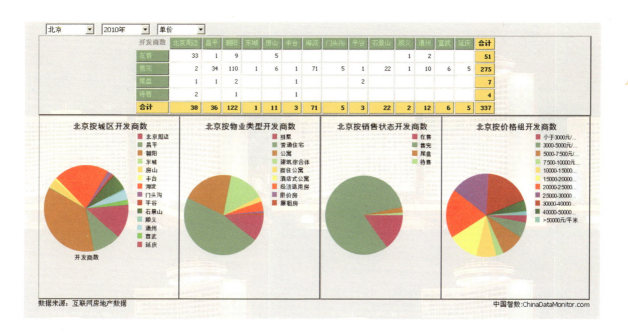

7.1.2 广州新房项目开发商情况

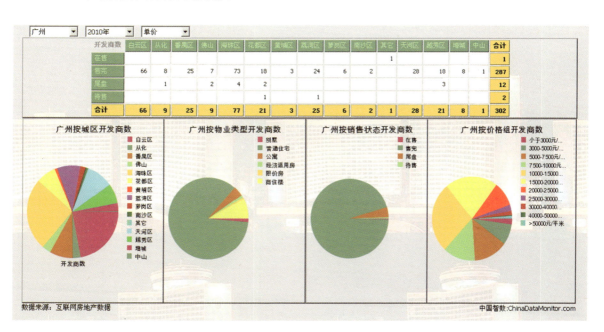

7.1.3 深圳新房项目开发商情况

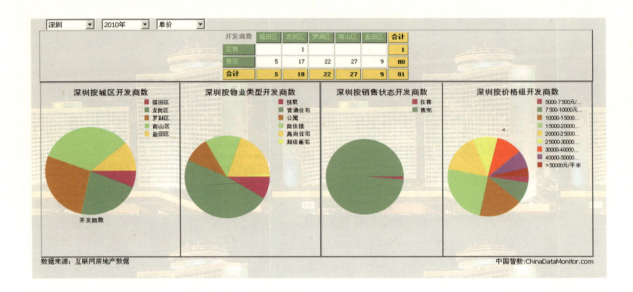

7.2 房地产中介公司竞争力

7.2.1 重点城市二手房中介公司竞争力

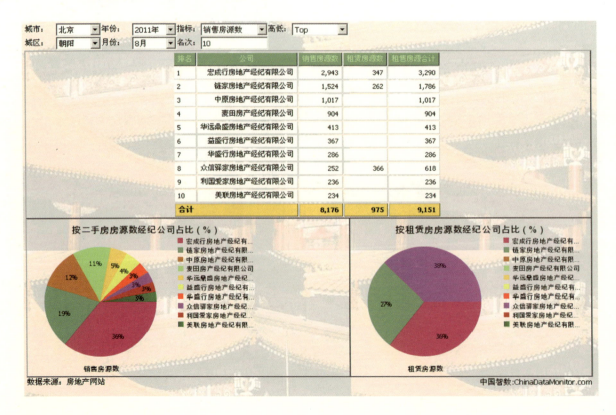

7.2.2 重点城市出租房中介公司竞争力

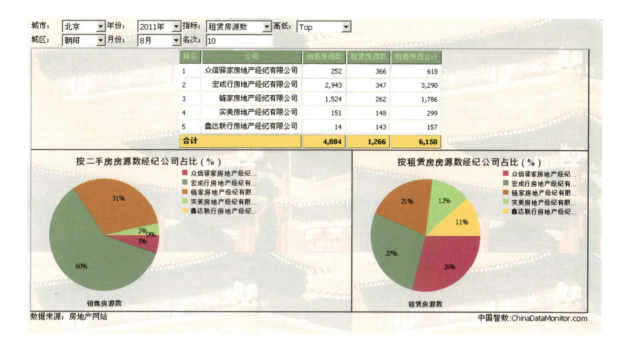

8 房地产投资

Chapter 8

> 8.1 房地产投资
> 8.2 房地产投资来源

8.1 房地产投资

8.1.1 全国房地产投资趋势

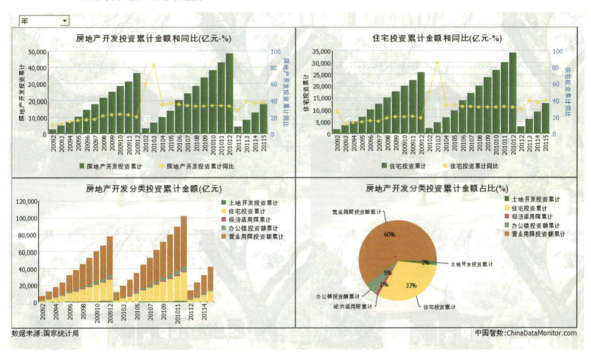

8.1.2 全国房地产投资情况

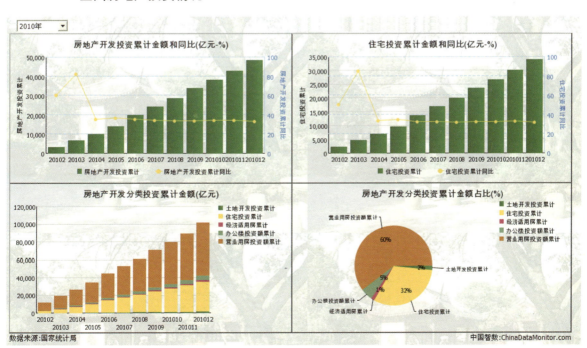

8.1.3 华东地区房地产投资累计额和同比

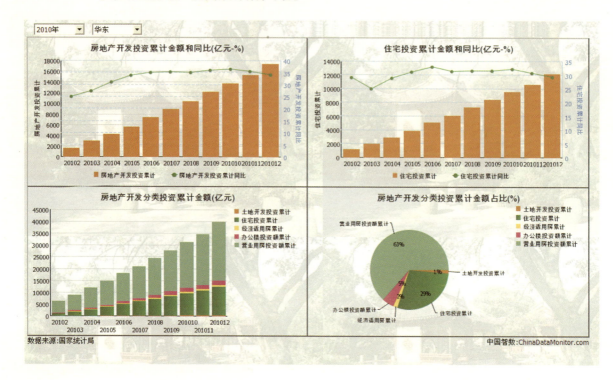

8.1.4 华北地区房地产投资累计额和同比

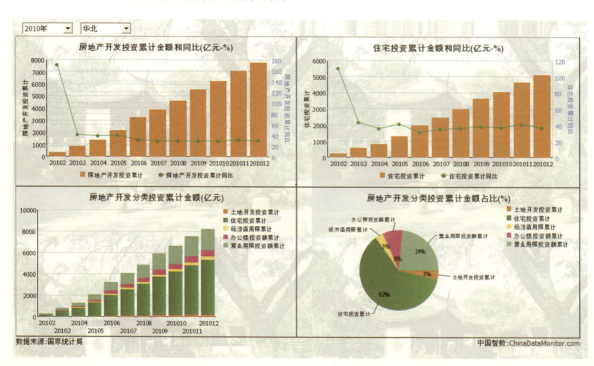

8.1.5 华南地区房地产投资累计额和同比

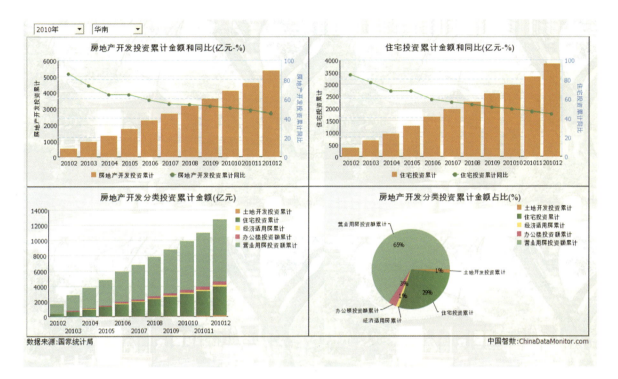

8.1.6 西北地区房地产投资累计额和同比

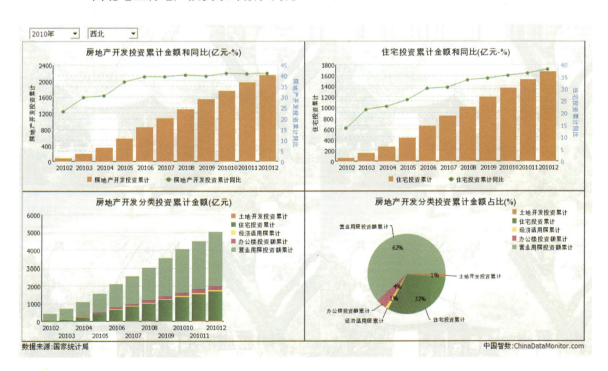

8.1.7　华东地区各省市房地产投资累计额和同比

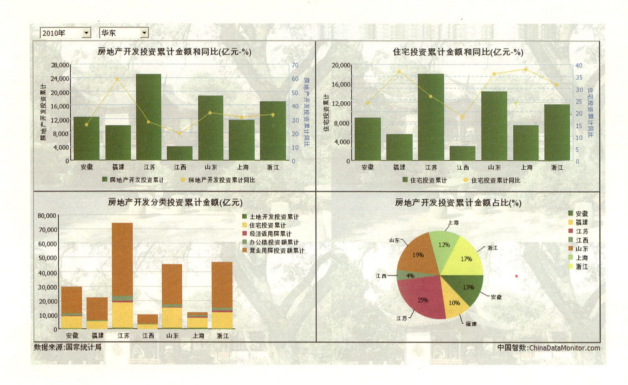

8.1.8　华北地区各省市房地产投资累计额和同比

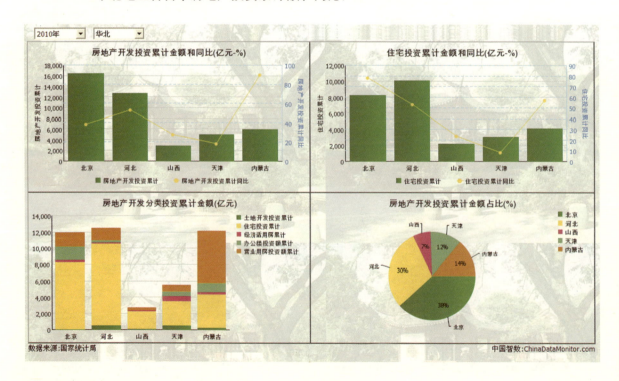

8.1.9　西北地区各省市房地产投资累计额和同比

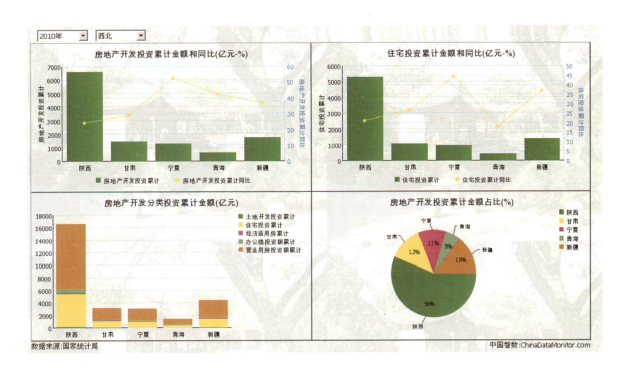

8.1.10　西南地区各省市房地产投资累计额和同比

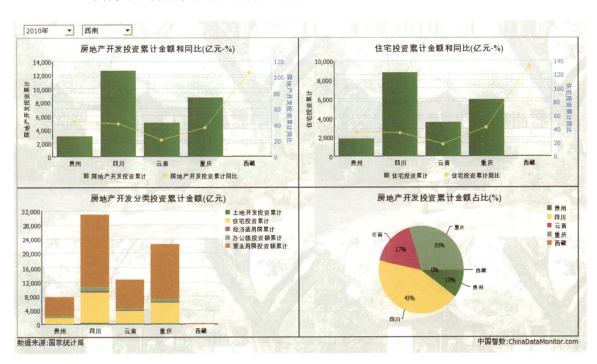

8.2 房地产投资来源

8.2.1 房地产开发资金来源趋势

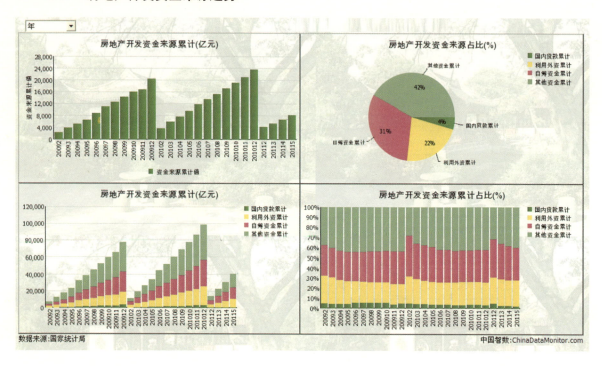

8.2.2 房地产开发资金来源情况

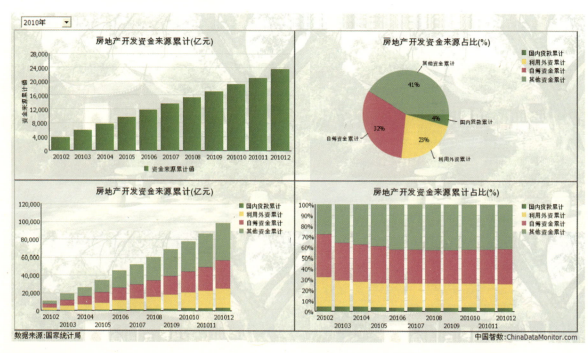

8.2.3 华东地区房地产开发资金来源

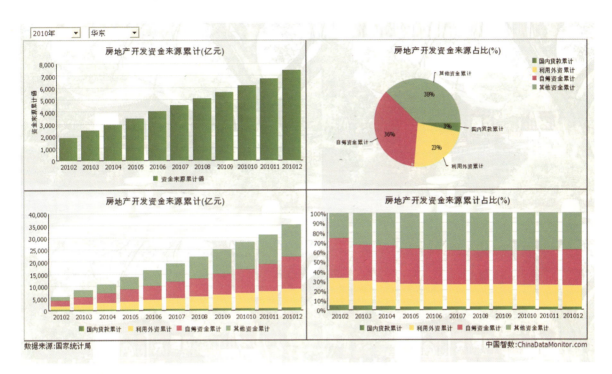

8.2.4 华北地区房地产开发资金来源

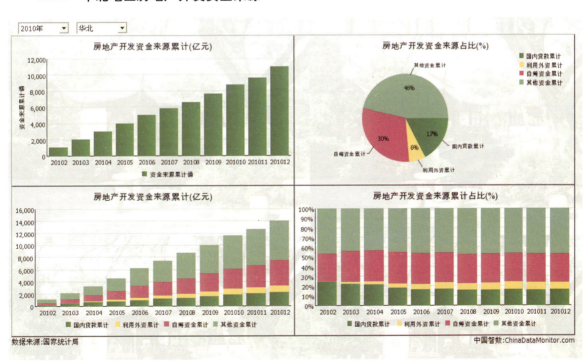

8.2.5 华南地区房地产开发资金来源

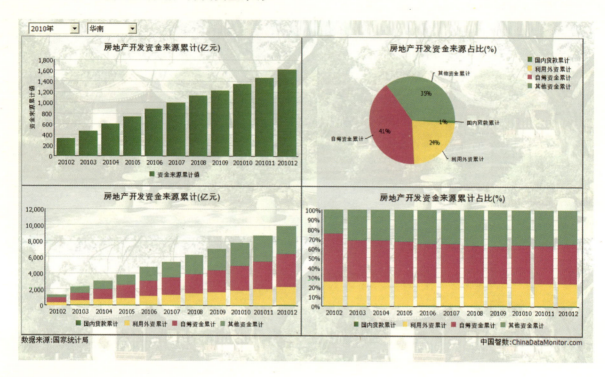

8.2.6 西南地区房地产开发资金来源

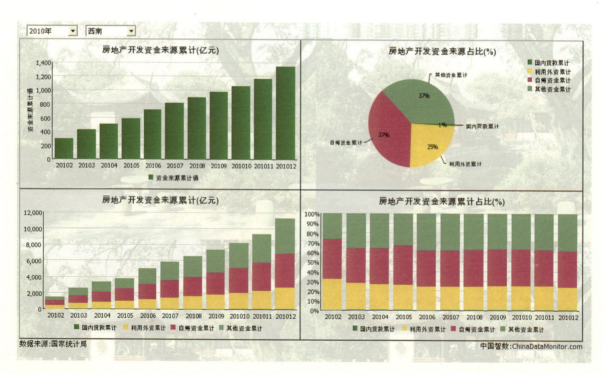

8.2.7 华东地区各省市房地产开发资金来源

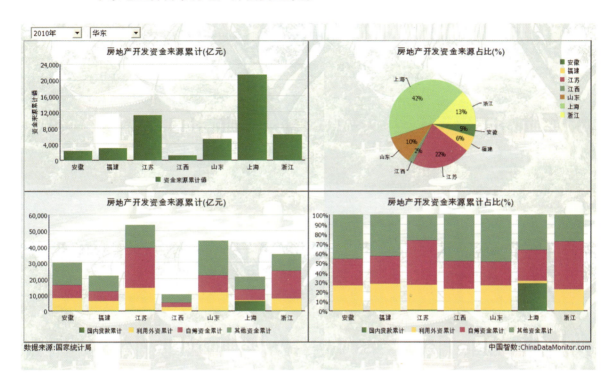

8.2.8 华北地区各省市房地产开发资金来源

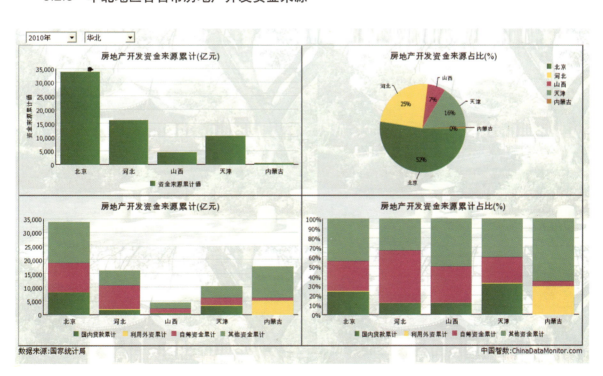

8.2.9　华南地区各省市房地产开发资金来源

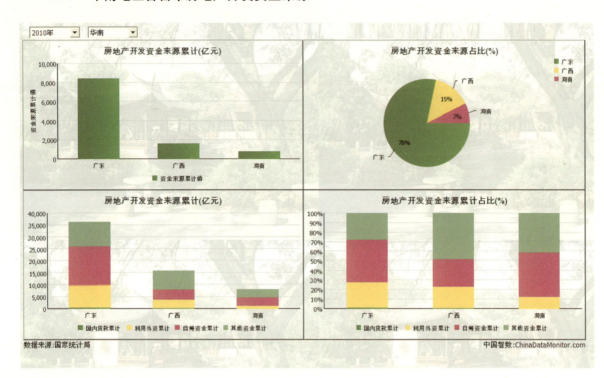

8.2.10　西南地区各省市房地产开发资金来源

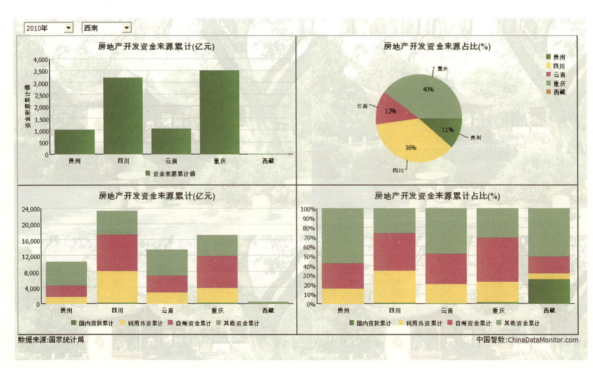

9 房地产开发和存量

Chapter 9

> 9.1 房屋面积和造价
>
> 9.2 预售商品房和市场容量

9.1 房屋面积和造价

9.1.1 按区域房屋面积和造价

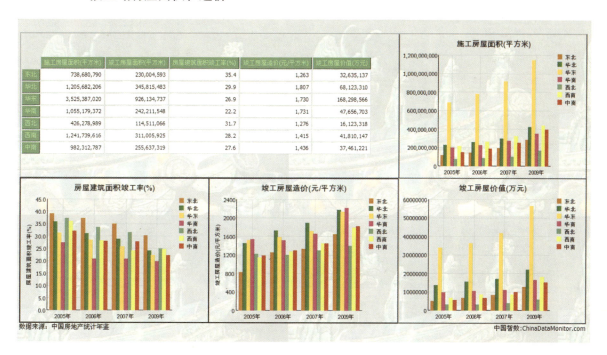

9.1.2 华东地区各省市房屋面积和价格

9.1.3 华北地区各省市房屋面积和价格

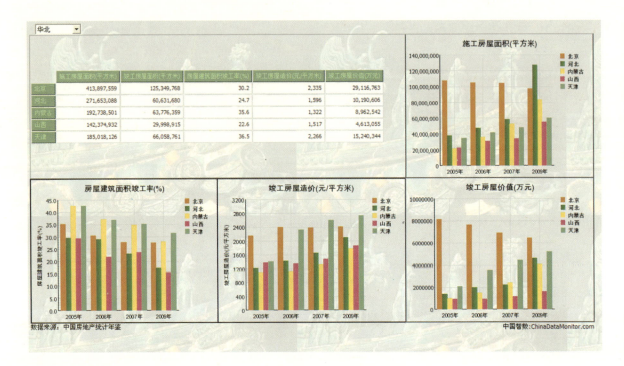

9.1.4 华南地区各省市房屋面积和价格

9.1.5 西南地区各省市房屋面积和价格

	施工房屋面积(平方米)	竣工房屋面积(平方米)	房屋建筑面积竣工率(%)	竣工房屋造价(元/平方米)	竣工房屋价值(万元)
贵州	164,719,980	32,720,999	20.3	1,067	3,719,563
四川	500,431,712	133,722,607	27.8	1,099	15,371,280
西藏	4,065,136	1,466,899	40.1	1,873	280,249
云南	172,691,080	47,147,580	28.4	1,512	7,424,313
重庆	399,831,708	95,947,840	24.6	1,523	15,014,742

数据来源：中国房地产统计年鉴　　中国智数：ChinaDataMonitor.com

9.2 预售商品房和市场容量

9.2.1 上海市黄浦区可售商品房情况

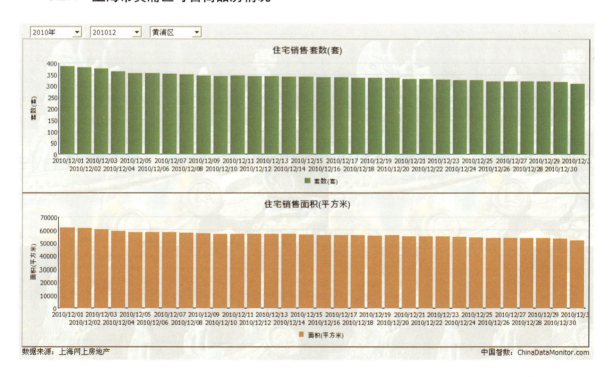

数据来源：上海网上房地产　　中国智数：ChinaDataMonitor.com

9.2.2 上海市浦东区可售商品房情况

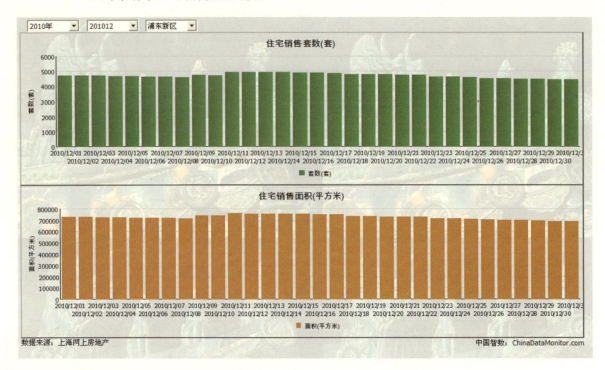

9.2.3 上海市可售商品房区域排名

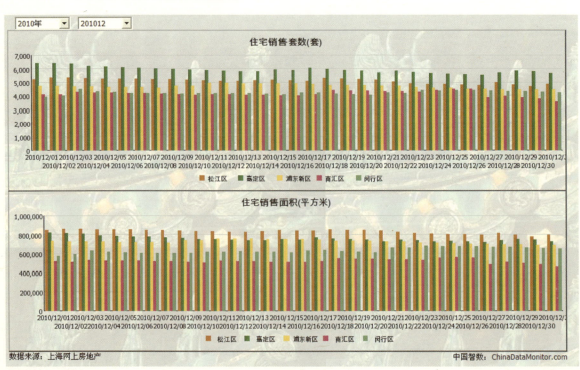

10 供求分析

Chapter 10

- 10.1 重点城市平均地价
- 10.2 重点城市土地交易

10.1 重点城市平均地价

10.1.1 北京市按用途平均地价

10.1.2 上海市按用途平均地价

10.1.3 广州市按用途平均地价

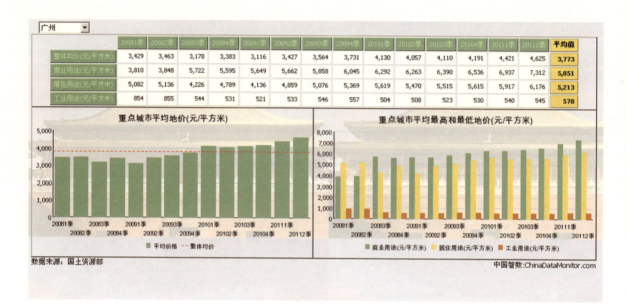

10.1.4 深圳市按用途平均地价

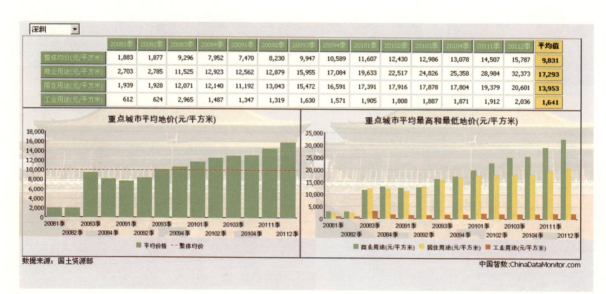

10.1.5 重点城市平均地价排名

10.2 重点城市土地交易

10.2.1 北京市土地交易情况

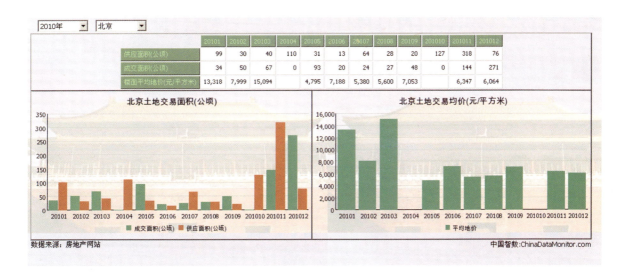

10.2.2　上海市土地交易情况

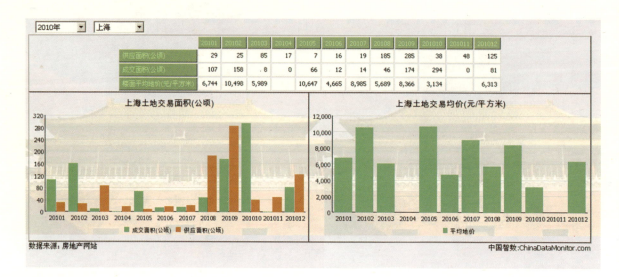

10.2.3　广州市土地交易情况

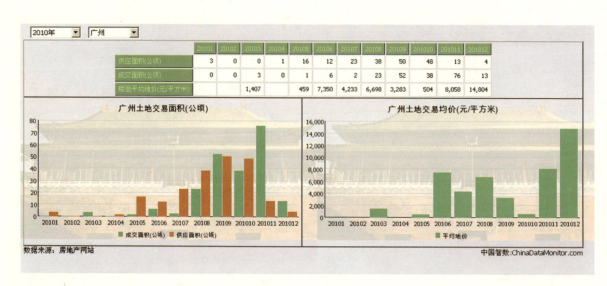

10.2.4　南京市土地交易情况

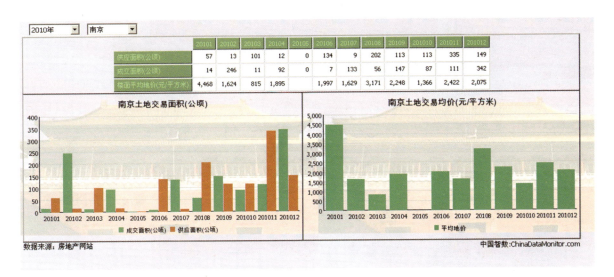

10.2.5　重点城市按土地交易面积排名

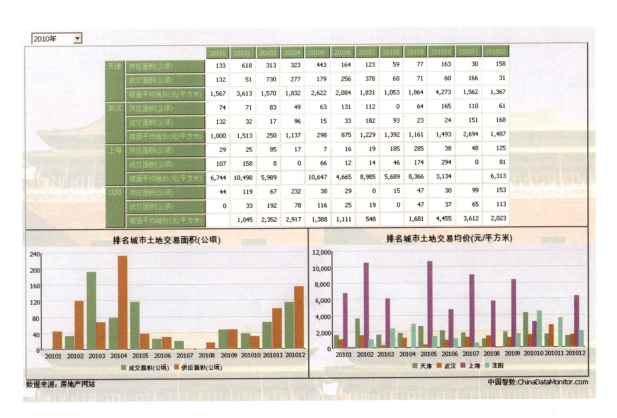

10.2.6 重点城市土地交易楼面地价趋势

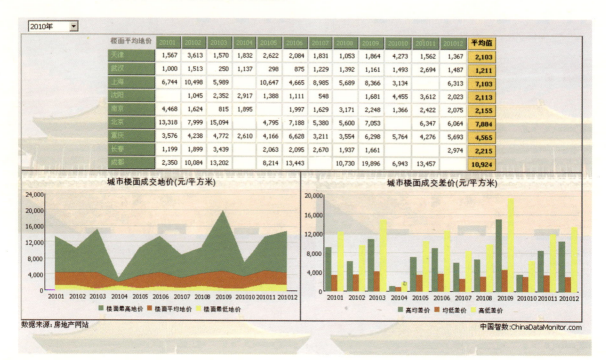

10.2.7 重点城市楼面交易价格

11 房地产开发企业

Chapter 11

- 11.1 房地产开发企业个数
- 11.2 房地产开发企业就业指标
- 11.3 房地产开发企业财务指标
- 11.4 房地产开发企业按用途销售情况
- 11.5 房地产开发企业按资质销售情况

11.1 房地产开发企业个数

11.1.1 房地产开发企业个数

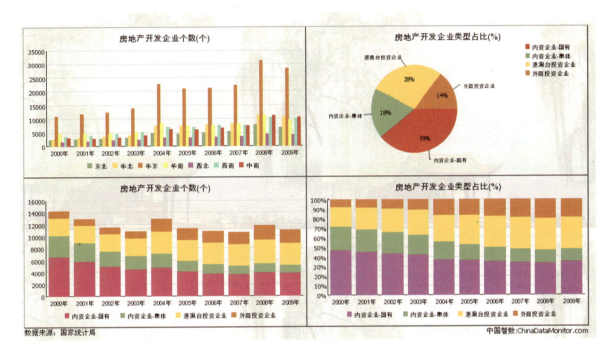

11.1.2 按区域房地产开发企业个数

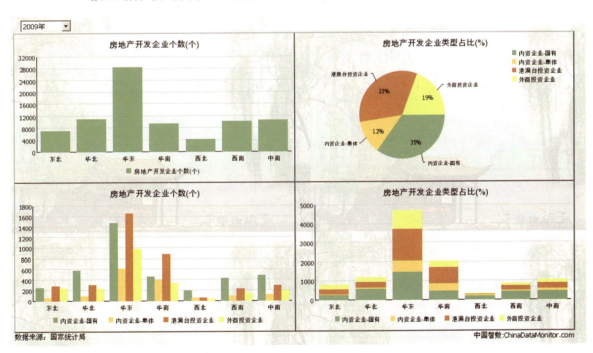

11.1.3 华东地区各省市房地产开发企业个数

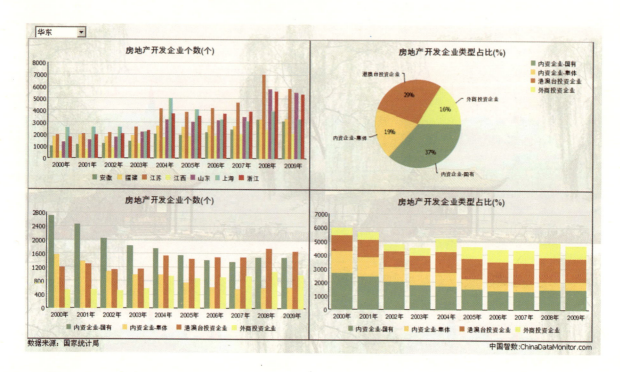

11.1.4 华北地区各省市房地产开发企业个数

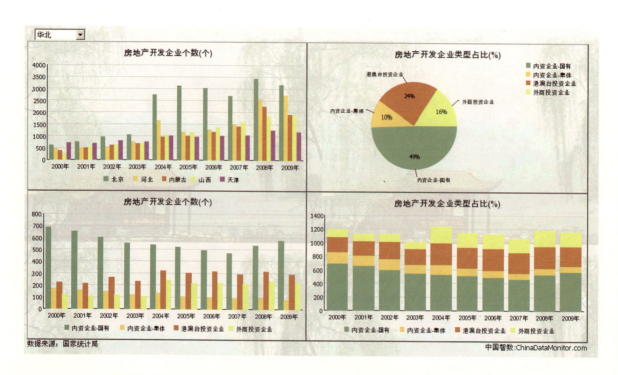

11.1.5 华南地区各省市房地产开发企业个数

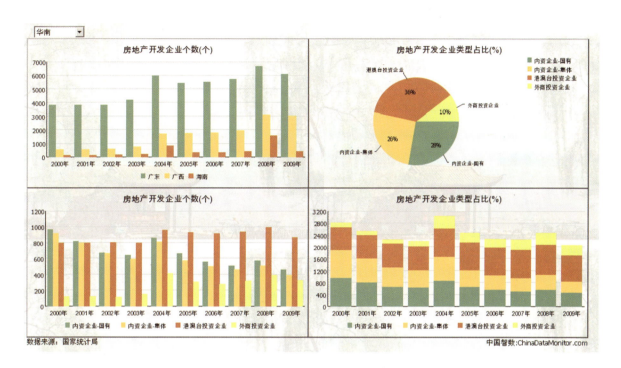

11.1.6 西南地区各省市房地产开发企业个数

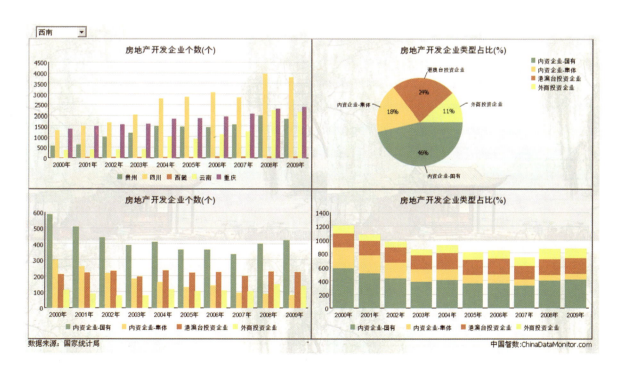

11.2 房地产开发企业就业指标

11.2.1 房地产开发企业就业人数

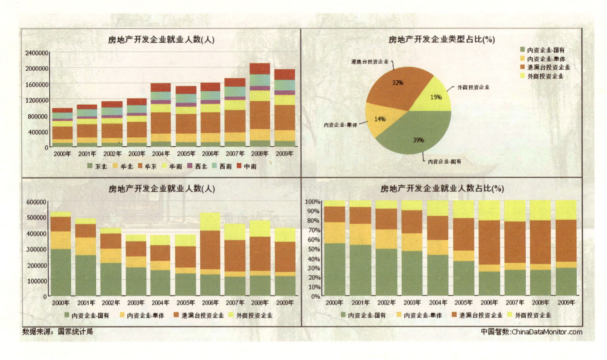

11.2.2 按区域房地产开发企业就业人数

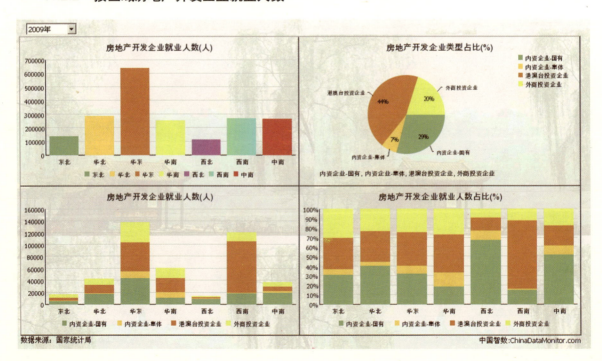

11.2.3　华东地区各省市房地产开发企业就业人数

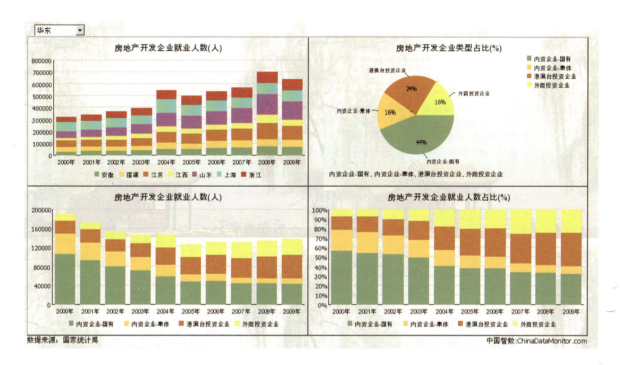

11.2.4　华北地区各省市房地产开发企业就业人数

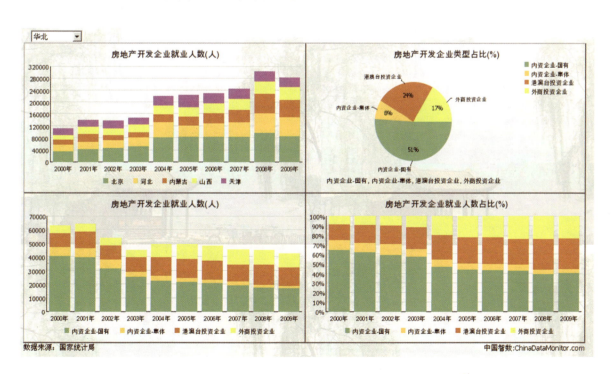

11.2.5　华南地区各省市房地产开发企业就业人数

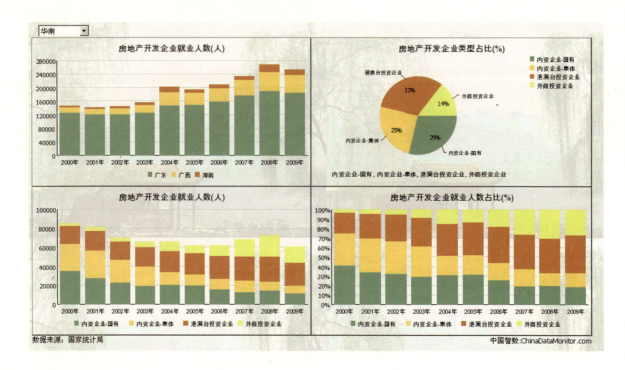

11.2.6　西南地区各省市房地产开发企业就业人数

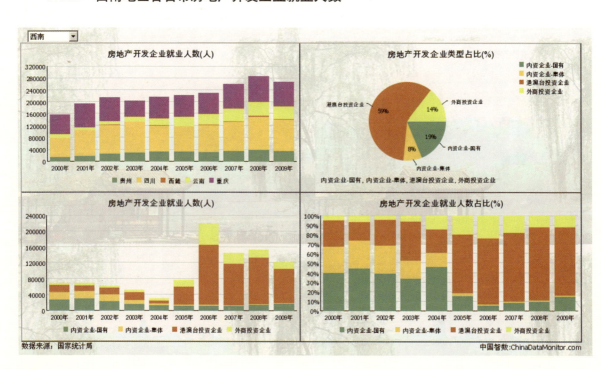

11.3 房地产开发企业财务指标

11.3.1 华东地区房地产开发企业财务指标

11.3.2 按区域房地产开发企业财务指标

11.3.3　华东地区各省市房地产开发企业财务指标

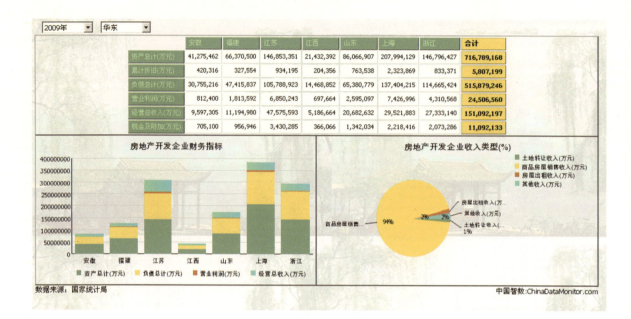

11.3.4　华北地区各省市房地产开发企业财务指标

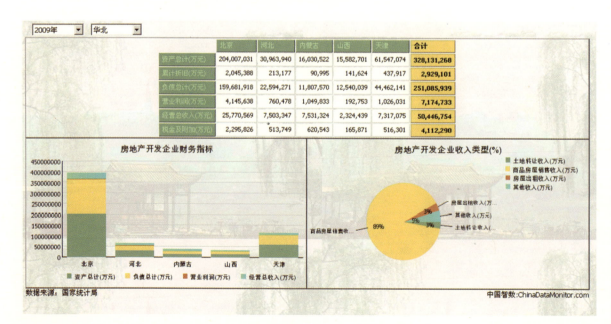

11.3.5　华南地区各省市房地产开发企业财务指标

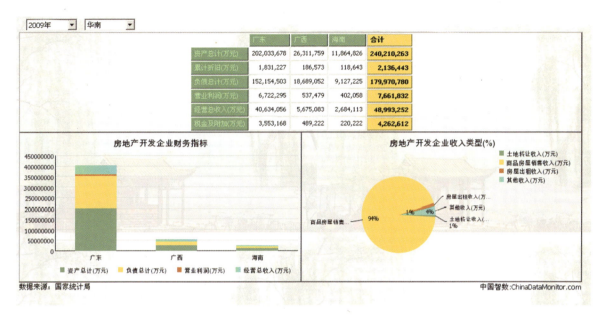

11.3.6　西南地区各省市房地产开发企业财务指标

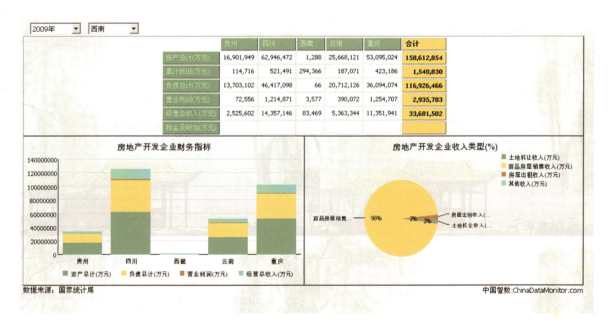

11.4 房地产开发企业按用途销售情况

11.4.1 各地区按用途分商品房销售概况

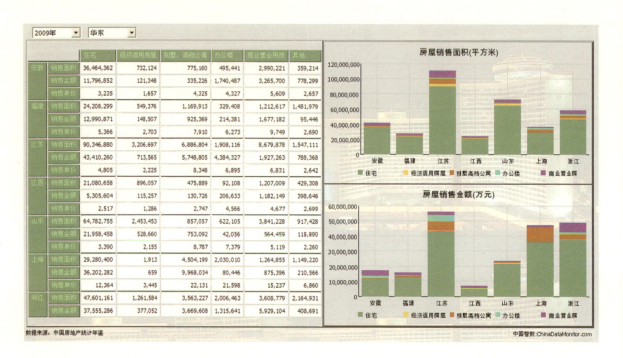

11.4.2 各地区按用途分商品房销售套数

11.4.3 各地区按用途分商品房销售面积

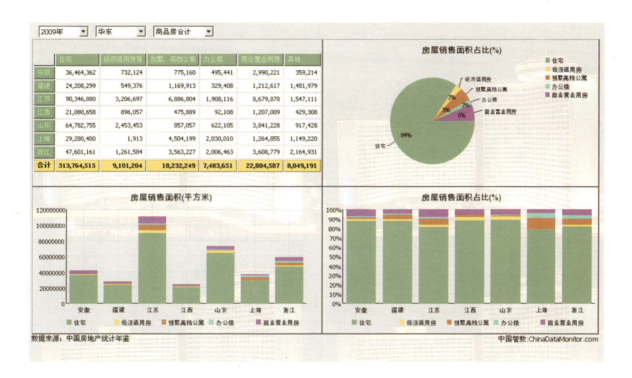

11.4.4 各地区按用途分商品房销售金额

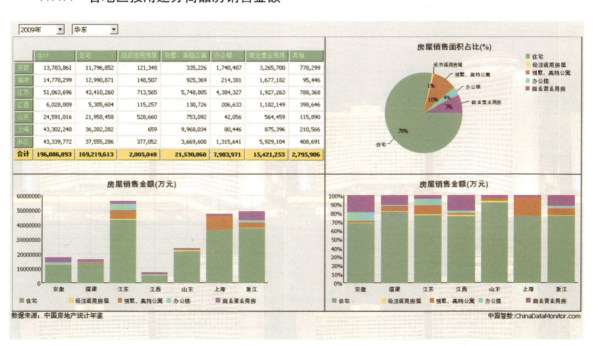

11.4.5 各地区按用途分商品房销售单价

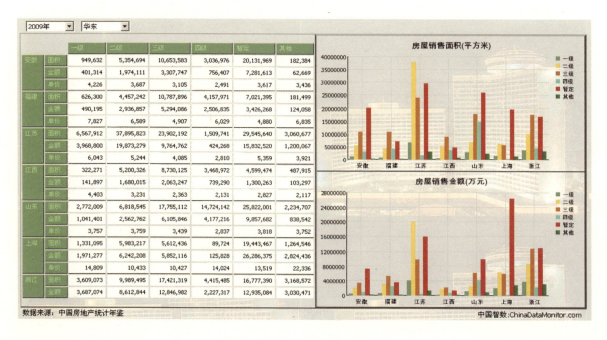

11.5 房地产开发企业按资质销售情况

11.5.1 各地区按资质分商品房销售概况

11.5.2 各地区按资质分商品房销售套数

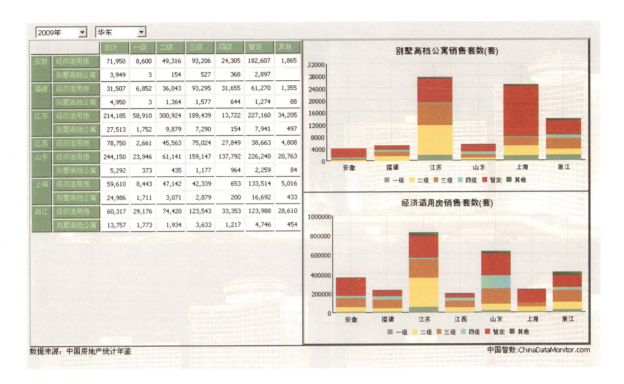

11.5.3 各地区按资质分商品房销售面积

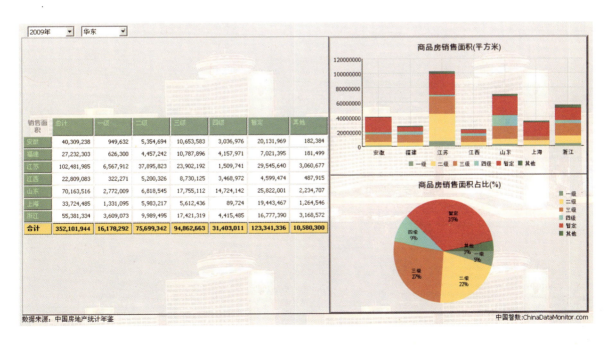

11.5.4 各地区按资质分商品房销售金额

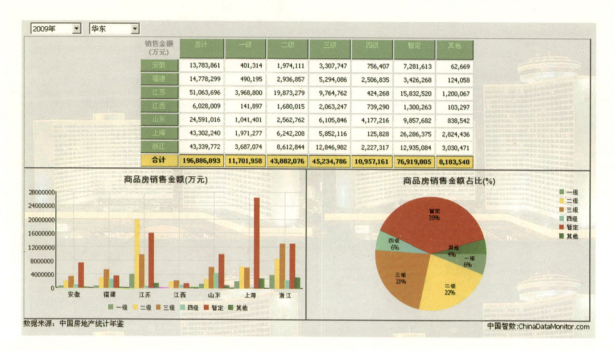

11.5.5 各地区按用途分商品房销售单价

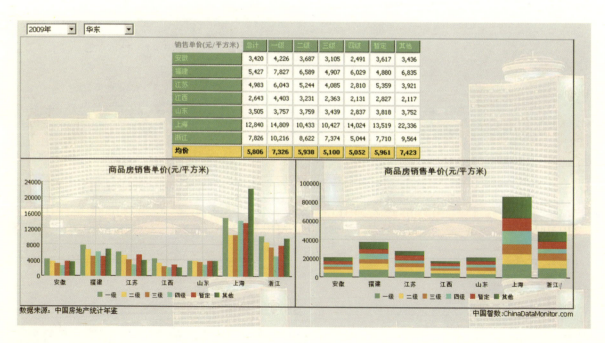

12 房地产上市公司

Chapter 12

> 12.1 房地产行业股票市场规模

> 12.2 房地产行业上市公司

> 12.3 房地产行业上市公司股市交易

> 12.4 房地产行业上市公司财务报表

12.1 房地产行业股票市场规模
12.1.1 房地产行业和股票市场规模

12.1.2 房地产行业按成交量股票交易规模

12.2 房地产行业上市公司

12.2.1 房地产行业上市公司按总资产排名

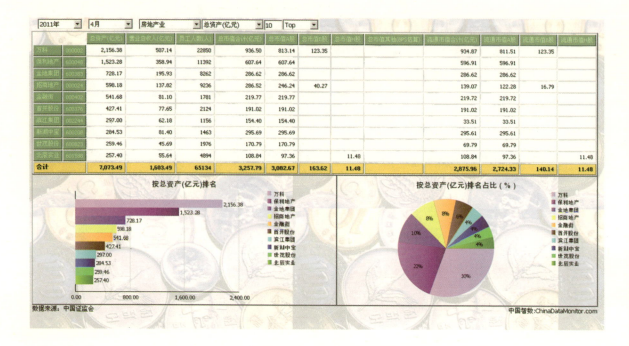

12.2.2 房地产行业上市公司按营业总收入排名

12.2.3 房地产行业上市公司按员工人数排名

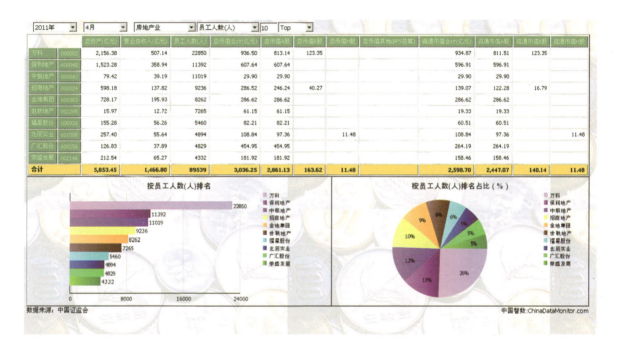

数据来源：中国证监会

12.2.4 广东省房地产行业 A 股上市公司机构持股排名

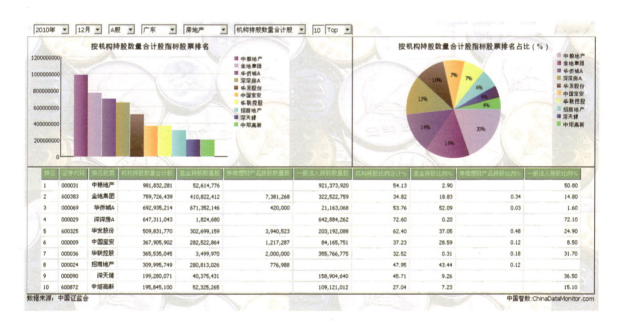

数据来源：中国证监会

12.3 房地产行业上市公司股市交易

12.3.1 行业上市公司日交易排名

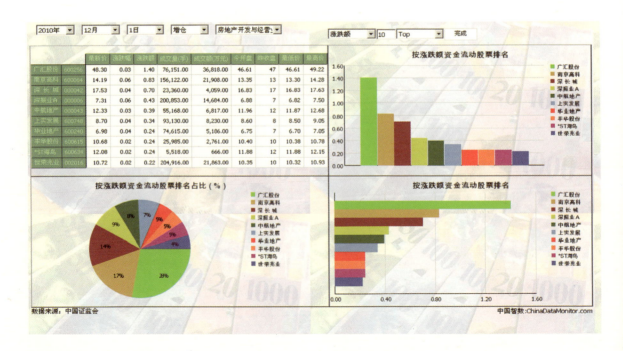

12.3.2 行业上市公司当日股市资金减仓情况

12.4 房地产行业上市公司财务报表

12.4.1 房地产行业上市公司资产负债表排名

12.4.2 房地产行业上市公司每股收入指标排名

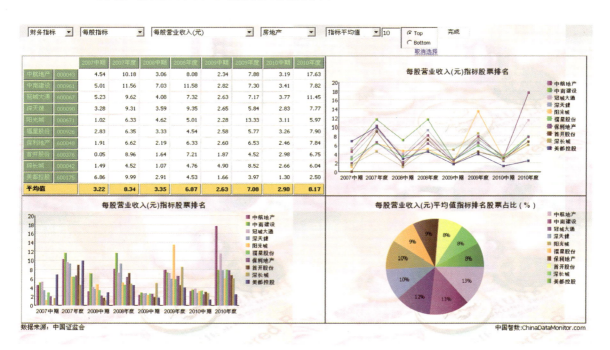

后　　记

　　《中国房地产图谱》由无锡固基信息技术有限公司、中工国城科技（北京）有限公司、北京中工招标代理有限公司等合作开发而成，《中国房地产图谱》所有图片采自我们在中国独家开发的"中国智慧数据在线"平台。项目组由国际数据仓库和数据挖掘专家组成，我们有在美国和中国20多年多种行业为世界著名公司开发决策支持系统和在线数据平台的成功实践经验。可以为那些积累了海量数据，正在为管理"数据海洋"而烦恼的企业、事业单位或政府部门把这些烦恼转变为提高核心竞争力的资源和财富，我们可以点石成金为您量身打造决策支持利器。

　　"中国智慧数据在线"平台还包括：

　　中国金融智慧数据在线；

　　中国海关进出口智慧数据在线；

　　中国汽车智慧数据在线；

　　中国钢铁智慧数据在线；

　　中国家电智慧数据在线；

　　中国交通智慧数据在线。

　　《中国房地产图谱》基于权威和可靠的公开信息，本图谱所载资料、工具仅供参考之用，并非作为或被视为出售或购买证券或其他投资标的邀请或向人做出邀请。在任何情况下，本图谱中的信息或所表述的内容不构成对任何人的投资建议。在任何情况下，本公司不对任何人因使用本图谱中的任何内容所引致的任何损失负任何责任。